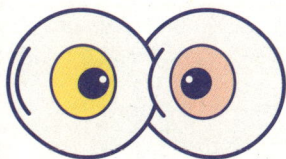

写手｜Writers

荐物｜Recommendation

别册｜Booklet

图书在版编目（ＣＩＰ）数据

没点怪癖怎么行 / 张国辰编 . – 北京 : 北京联合
出版公司, 2016.4
　ISBN 978-7-5502-7235-4

　Ⅰ . ①没… Ⅱ . ①张… Ⅲ . ①生活方式—通俗读物
Ⅳ . ① C913.3-49
　中国版本图书馆 CIP 数据核字 (2016) 第 039746 号

没点怪癖怎么行

出 品 人：唐学雷
主　　编：张国辰
主编助理：赵　迪
责任编辑：刘　凯
视觉设计：满满特丸设计事务所
出版发行：北京联合出版公司
　　　　　（北京市西城区德外大街 83 号楼 9 层　邮编：100088）
承 印 者：小森印刷（北京）有限公司

开　　本：710mm×1000mm　1/16
印　　张：10　　　　　　　　　　　　字　　数：80 千字
版　　次：2016 年 5 月第 1 版　　　　印　　次：2016 年 5 月第 1 次印刷
书　　号：978-7-5502-7235-4
定　　价：42.00 元

关注未读好书

联合天际 Club
官方直销平台

没点怪癖怎么行！

While Being Normal Is So Boring！

你有没有特别的爱好？或者说，你有没有在某些时刻，感觉自己与众不同甚至奇怪？

人人都有点特别之处。

在一部分人质疑"我这样正常吗"的同时，还有一些人认为"无癖不深情"。日本权威心理学家冈田尊司曾指出，这是一个"人人都有怪癖"的年代，因够怪够够日常够够冲突够谈资，我们将"怪癖"这一关键词选为着力谈及的命题。凡当将怪癖投射到心理，往往映照出隐藏在深层的"另一个自我"。所以我们在对插画师、音乐人、艺术家、科技咖等角色透着奇特生活习惯和性格秉性的访谈外，附加了对怪癖生成的理性而具象的解读。倒不必为了符合世俗眼光，克服怪癖，毁掉异禀。毕竟，透过怪癖检视一下生活行为及心理状态，对于减少困扰，未尝不可行。

《没点怪癖怎么行！》是内容品牌"未读"系列纸质出版物的第一本特辑。作为一个基于"实用、有趣、长知识"理念之上的阅读类产品，希望能够为轻文化下的年轻群体，细致揭示生活中常见却也常被忽略的知识性话题事件——在放松的语境下，对命题做出趣味而不失逻辑的解读。

怪癖，只是在一定的生理基础和人格基础上不自主的行为。多数怪癖都无伤大雅。在普通的健康人身上，怪癖甚至可以在一定程度上带来正面效用，就好比"发型谨遵四六分"比起"直爽泼辣"确实更能让人记住一个刚认识的朋友；而在天才人物身上，他们为怪癖所苦，却又凭借着这些怪癖成就惊人的事实仍在被反复验证，以至于得出"醉心于某种癖好的人是幸福的"的结论。

在对"怪癖"的解读中，其实你会读到的是很多小伙伴对自己生活的坚持，对大众世界保有的与众不同的好奇心。

怪癖，其实一点儿都不怪。

张国辰

没点怪癖怎儿行

「未读」特辑 001

《没点怪癖怎么行！》

出品人：唐学雷
主　编：张国辰
艺术总监：刘天洋
主编助理：赵迪
资深主笔：范钦儒
编　辑：好同学 杨一骊
责任编辑：崔保华 刘凯
营销编辑：许珍珍
设计团队：满满特丸设计事务所
　　　　　柴坤鹏

Publisher : TANG Xuelei
Chief Editor : Gary Zhang
Art Director : Liu Tianyang
Assistant of Chief Editor :
Adee Chao
Chief Writer : FAN Qinru
Editor : Javis. H YANG Yili
Editor In Charge :CUI Baohua LIU Kai
Marketing Editor : XU Zhenzhen
Graphic Design :
MANMANTAEM
CHAI Kunpeng

文章 | Articles

人物 | Characters

受访人 / Interviewees

熊亮

水墨画家、作家。自幼自学绘画，27 岁正式开始创作绘本。其绘本作品被翻译
成多种语言在众多国家出版。2014 年获丹麦"安徒生"插画提名奖。著有《京
剧猫》《梅雨怪》《灶王爷》《小石狮》《寻暗集》等。

大橘子

插画师。曾出版《拿不动的世界》（与东东枪合著）、《宇宙再大大不过我和你》。
举办过"拿不动的世界""为什么没有""吭吭唧唧喳喳"插画展。曾与 kindle 中国、
奔驰中国、美年达、搜狗、百度等品牌合作。

机机先生

独立创作人，有机表情作者。成立 Moji LAB 创意实验室，专注于形象、表情、
漫画、插画以及衍生品的开发。想做"中国第一情色插画师"，用一系列既讽
刺独裁政治又很情色的插画获无数拥趸。曾与杜蕾斯合作在艾滋病日推出"无
艾才欢"表情包，曾与作家庄雅婷合作出版《小黑本》。

方佳翮

3 岁学画，17 岁考入清华大学美术学院装潢系广告专业。毕业之后自由职业，
做过电视广告，电影频道《今日影视》节目美术，2005 年担任郭德纲评书《大
话刘罗锅》美术，2008 年制作上海世博会动画电影《世博冠军湖丝仔》，开过
美术培训，现在又开始自己画画。

林维稼

原中国传媒大学学生，现就读于芝加哥艺术学院。在大洋彼端过着吃不饱、穿
不暖、买不起、活不下去的日子，致力于研究如何成为一个能自给自足的插画人。
每天都艰难地画着自己的小画，歌颂时光流转，歌颂荒诞陆离，坚持一切故事

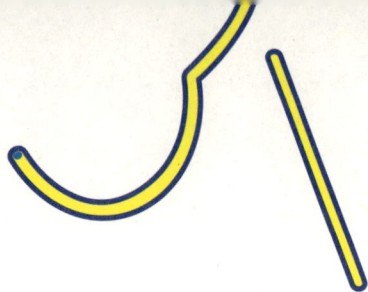

都可以变成一个迷宫的原则，再在里面加一些小美好。围绕鸟人形象的一系列插画作品，或荒谬，或讽刺，或有一些小幽默。"鸟人对我而言是一个与世界沟通的符号与桥梁，它是我，又不是我，它好像是一个观察者，又是一个参与者。插画是黑白的，鸟人也走在黑白之间。"

周易

青年艺术家、设计师。1989 年生于北京，双子座。伦敦中央圣马丁艺术与设计学院工业设计专业硕士，回到北京后创办了工作室 Little E Studio。她的作品常常从日常生活出发，涉及艺术和设计领域。她的"Body Memory（身体记忆）"在 2014 年"大声展"中展出并参与了北京国际设计周，被 Timeout Beijing、Cool Hunting 等多家媒体报道。设计作品《消失的风景：胡同橡皮擦》获得 2014 年 Kikkerland 中国设计挑战赛金奖。此外，她也曾与设计师服饰零售店 Triple-Major 有过紧密合作。

撰稿人 / Authors

阿降

学新闻的，现在做编辑。喜欢不确定和无指涉的艺术。想成为好的写作者。曾为《不·艺术》杂志资深主笔。

范钦儒

非专业写手，最讨厌交稿前的那一夜。

南朗

栋梁设计师品牌店和栋梁设计事务所创始人、平面设计师。

罗敏文

青年艺术家、设计师、插画师。1983 年出生于广东，毕业于中央美术学院设计学院，2008 年间游学法国。其绘画作品曾于国内外艺术展中展出。2013 年举办个人画展"完全变态 | Transformation"。作品被关山月美术馆收藏。

雷志龙

编剧，文字写作者，习惯失眠者。努力在无效故事中表达某种意义者；如果再准确一些，一个悲观的虚无主义者。编剧作品有《遇见心想事成的自己》《东北往事之天鹅刺金》《海上爱玲》《造王府》《左耳》《北京遇上西雅图》等。

Alka

媒体从业者，不独立撰稿人，常年围观艺文世界。现为网购品牌"果库"资深编辑。

李家隆

20 世纪末出生，十五年怀旧电台爱好者，希望能在 42 岁之前度过青春期。现游历于美国。

插画师 / Illustrators

老老老鱼

本名庾武泱，1990 年生，居住杭州，现为独立插画师。致力于作品中情绪的传达。曾与国内多家出版社合作，绘制书籍中的插画作品；于 2014 年举办个人作品展"梦与筑梦者"；插画作品《EDEN》曾入选第二届中国（杭州）国际青年插画漫画双年展，并获第四届中华区插画奖"最佳创作插画"组别金奖。

Teddy Kang

本名康嘉隽，独立插画师，现居加拿大多伦多。2015 年被 Adobe Photoshop 评选为 25 个全球最具创意的视觉艺术家之一。目前与国内外多家杂志和出版社合作，如 *Stella Magazine*、*Geeked Magazine*、*Panta Magazine*、*Applied Arts Canada*、*Life Monthly*、悦食杂志、约绘杂志等。作品曾被 Illustration age、Creative Boom、CandyBook、Ape on the moon、Ground_Ooh_Art 等国内外多家媒体发表。至今也与多家公司合作推出周边及衍生产品。Teddy 的作品大多关于生活，关于美好，用大胆而跳跃的色彩诠释出一个个细腻柔软的生活场景，用天马行空的想象力讲述一个个贴近生活的小故事。

怪癖特辑

Articles

文章

阿蒋 A Jiang｜*text*
赵迎 Adee Chao｜*edit*
康嘉隽 Teddy Kang｜*illustration*

这年头，
谁能没点儿怪癖？

These Days, Who Walks around without Eccentricities?

"怪咖" 的标准

1 特立独行 Enduring non-conformity

2 有创造力 Creative

3 有强烈的好奇心 Strongly motivated by curiosity

4 理想主义 Idealistic

5 有不少怪癖爱好而且引以为荣（通常第五或第六点取其一）
Happily obsessed with one or more hobby horses（usually 5 or 6）

6 从小就知道自己与众不同 Awareness that he/she is different from early childhood

7 聪明伶俐 Intelligent

有主见并勇于发表 Opinionated and outspoken

8

9 不喜欢竞争 Non-competitive

10 不同寻常的饮食和起居习惯
Unusual eating habits or living arrangements

11 不是很在意别人意见或陪伴，除非向他们传输"正确"观念
Not very interested in the opinions or company of others, except to persuade them of the "correct" point of view

12 恶作剧式的幽默感 Mischievous sense of humor

这是戴维·威克斯——一位自 1970 年起持续研究了 20 多年"怪咖"的英国爱丁堡大学心理学博士总结的"怪咖"的 15 条标准。其中，前五点为必备条件。

你中枪了吗？

作为针对怪咖人格特点的第一个科学研究，威克斯的研究名单中包括 789 名美国人、130 名英国人、25 名荷兰人和 25 名新西兰人。他们当中有科学家、探险家、慈善家、作家、艺术家、社会活动家和各种古怪爱好者，比如：

一个穿着睡衣，沿着苏格兰海岸散步的前海军陆战队队员；

一个和塑料龙虾一起接受采访的女艺术家，那是她的吉祥物，一只永远不需要食物的宠物；

一个 43 岁的苏格兰人，喜欢关于土豆的一切——它的历史、怎么克隆、怎么烹饪；

一个弗吉尼亚医生，他时常打扮成小丑去视察病人并且从不收费。他的观念是："如果每个人的生活都被友谊、幽默、爱情、创意、希望、好奇和奇妙围绕，我们将淘汰一大批药，胜过一整晚的'百忧解'。"

……

是"怪咖"？还是"精神病患者"？

通常来看，这些有着种种怪癖的"怪咖"就算不被看作是精神病，也会被认为存在种种生活缺陷，他们很可能只是不愿处理日常的生活需求，排拒和真实世界产生连接。

但威克斯更倾向于欣赏他们不羁的生活态度。他们离经叛道和稀奇古怪的行为可能只是某种生活方式。他用了"怪咖（Eccentric）"——一个在心理学上外行的概念——形容那些"以极端形式远离正常生活模式"的人。

人们在风格、感知力和性情方面可能存在巨大差异，那些依据与众不同的行为守则活着的人并不一定都是危险的或有病的。每个人都至少有一些怪癖，但是我们大多数人是如此社会化，我们很少对我们的狂野冲动采取行动。但怪咖们往往知道自己与众不同，并且不介意世界发现

13 单身 Single

14 老大或独子 Eldest or only child

15 常拼错字 Bad speller

自己的"怪"。

下面是他将"怪咖"与"精神病患者"相区分的重要依据：

受精神病症困扰的人通常别无选择，可能频繁被焦虑、疼痛、烦躁、惊恐等症状困扰，因此他们希望被治愈；而"怪咖"的"怪"至少部分程度上是自由选择的，而且对自己古怪的生活方式感到愉悦。

精神分裂症患者会有不受控制的视听体验，它们会让患者产生强烈的无力感；而"怪咖"们并没有和现实世界脱节，出现类似幻听或者妄想的症状，他们有更强的控制感。

精神病症会严重破坏思维过程，使人失常；而一个"怪咖"的大脑通常功能性良好——不过以一种奇特为之的方式。

比方说，一个"精神病患者"和一个"怪咖"都可能成为迷恋蝴蝶的收藏家，但"精神病患者"会想尽一切办法满足强制收集，并可能感到来自各方的威胁在阻碍他的收集；而"怪咖"只是觉得这是一件高兴的事情，一个值得他花费自己自由的时间和精力的爱好。

其实，在畸形社会里，忠于自己就算"怪"了

虽然有趣，但对威克斯报告的批评也不在少数。有批评者指出他的研究算不上科学严谨，因为他的参与者大多数是通过在报纸上发布广告和研究进度，靠志愿者们口耳相传招募而来。尽管淘汰了一些谎报者和不符的人，但是这个实验的样本毕竟都是"会自愿参加一个关于'怪咖'调查的'怪咖'"。而且"怪咖"和"精神病患者"的区分模糊，也有自我感觉良好的精神分裂症患者存在。

但不管结论准确与否，看起来，威克斯真正想要探索的似乎是："怪咖"们如何做到在满是成规的世界里忠于一个与众不同的自己——"如果我们哪怕只是能窥见这些人是如何成为现在的样子，"威克斯写道，"也许能帮助剩下的我们学会怎么保持初衷和创造力：更好地成为自己。"

不知道这算不算是个好消息：如果你想，你也可以变得更"怪"，威克斯认为。而且钱是有帮助的，但也不是必需的，"最好的事情是失业，有更多的空闲时间"。

他甚至鼓励自己的心理来访者试着接受自己的"古怪"，学习"怪咖"们"偏离正常是可以的"。

那些"更好地成为自己"的创造者

周日下午，梅森·柯瑞[1]独坐在他所在杂志社灰扑扑的办公室里，想要赶出第二天要交的稿子。但他还是无法集中精力，先刷了下新闻，又打扫了办公室，接着去泡了杯咖啡……也许是想为自己不成气候的创作寻找启示，他开始上网搜索那些成名已久的作家、艺术家的工作习性——

- 巴尔扎克每天下午 6 点就睡了，因为他的创作时间是凌晨 1 点到早上 8 点，小睡一小时，再接着写到下午。
- 卡夫卡也是从深夜写作到早上，因为他的"办公室是一团混乱，而公寓喧闹不堪"，他只有在大家熟睡的时候才能创作。

- 莫扎特通常凌晨开始创作，因为他白天要打扮、社交和追求康斯坦丝。
- 托马斯·曼倒是过得超级规律——8 点起，12 点睡，简直就是天下妈妈唠叨的那种"理想生活"。

而几乎所有创作者都有着各种各样的创作怪癖：
- 海明威要站着写作。
- 作曲家伊戈尔·斯特拉文斯基爱做头手倒立。
- 格雷厄姆·格林给自己租了个秘密办公室，只有妻子知道地址。
- 本杰明·富兰克林"每天早上都早起，脱光衣服坐在房间里，读书或者写作半个或者一个小时，时间长短视季节而定"。
- 美国犯罪小说家派翠西亚·海史密斯习惯在床上工作，周围环绕着香烟、一只烟灰缸、火柴、一杯咖啡、一个甜甜圈，还有一个装满糖果的杯子。除此之外，她还喜欢在投入写作前来一杯烈酒，以"降低能量水平，否则可能会狂暴化"。
- 托马斯·沃尔夫投入工作时，会无意识地"抚弄他的生殖器"，因为这会"产生'骄傲的雄性感觉'，还会'激起创造性能量'"。

结果这一系列文章让原本名不见经传的梅森·柯瑞的博客突然爆红，最多的一天涌进来好几万的点击量——在倡导创造力就是生产力的今天，它的走红其实一点都不奇怪——看看我们的书店有多少关于提高创造力的书，头脑风暴有多流行就知道了。

人们渴望从出色的创作者那里发现一点儿蛛丝马迹。

历史上的"怪癖"与"创造力"

人类认知伊始，"创造"就一直和怪异、神秘、疯狂联系在一起。

古希腊时期，人们相信诗是来自神示。柏拉图在《斐德罗篇》[2]中将灵感来临的状态称为"神圣疯狂"，认为"疯狂比神志清醒更加高贵……疯狂源于上帝的恩赐，而神志清醒仅仅是人力所为"。在当时，有创造力的人就好比一个空的容器，等待着神用灵感填满。"如果一个人来到诗的门前，却没有被缪斯的疯狂触动，还以为只要技巧就能使他成为好诗人，那他和他明智的作品永远达不到完美的境界，充满灵感的疯子之作将使他的作品黯然失色"。

要等到文艺复兴后，伟大的艺术家和工匠的非凡特质才开始被认为来自自身血统而并非神授，而属于伟大的艺术家的品质是"古怪、敏感、喜怒无常和孤僻"。

18 世纪有过短暂一阵认为协调和理智才是天才的主要组成部分，但19 世纪时又被浪漫主义完全颠覆，再次强调其中自发的、被灵感左右的特性——"我们艺术家全部都疯癫，"拜伦这样评价自己及其他诗人，"有些人迷醉于狂欢，有些人则受制于幽怨，但都有些精神错乱。""我越是耗尽精力，越是患病、疯疯癫癫，就越是一个艺术家——创造性的艺术家……"梵高说。某种程度上，这些也构成了普通人对这类"狂人"的自觉屏障，他们被认为是离经叛道的、有着极端情绪和行为的、属于另一

半的人。

随着工业革命，自然科学成功应用于经济，人类作为自然的一部分的信仰被普遍接受。伴随着对个人自由的讨论，天赋、独创性、异常性争论也被重新讨论，人们开始相信自发性和天赋是一种先天倾向，不可抗拒而且无须教育，"无论是天才还是一般人才都不能在压抑的社会中生存"。

第二次工业革命、第三次工业革命、工业4.0，科学技术的爆发式发展使世界进入了一个日益复杂、激烈竞争的年代，创造力成了突围的关键，突然有一天变成人人谈论的，人人需要的，比严谨、纪律、诚信甚至视野更重要的品质。

"怪咖"虽孤僻不羁，但好奇心、创造力、洞察力异于常人

作为人类唯一出于智性目的的动机，"好奇心"也被一些心理学家称为"内在动力"，因为发现的过程本身就是奖赏。我们所有的人都好奇一些东西，也许还会强烈好奇。但如果太难找到答案，我们出于功利驱动，这种好奇将逐渐淡出。但对于"怪咖"来说，可能找不到答案就会念念不忘。

因而他们往往不介意质疑美好生活的内核，或者说他们不介意活得更实验性一点。如果不是受到一种已经知道自己方向的感觉的引导，他们怎么瞄准自己的目标？他们将生活设置为不断地突破边界。他们眼中的怪人似乎接近于马斯洛的"自我实现者"，他们往往不害怕挑战传统，甚至超自我实现，出现短暂的"高峰经验"，比如艺术家在艺术创作时的"忘我"，一秒即永恒。

而心理学的研究进展让创造者的许多创作怪癖得到了解释——比如因为开放、敏感带来更低的痛苦门槛，所以创作者可能会更情绪化，也会要求更安静、私密的创作环境。所以狄更斯要求绝对安静的环境，卡夫卡只能选择在所有人都熟睡后开始写作，格雷厄姆·格林干脆租了个秘密办公室。

比如产生灵感前搜索出所有可能相关的答案的准备工作大多发生在潜意识领域。所以村上春树热爱跑步；许多作曲家都偏爱散步；大卫·林奇自1973年以来天天都做超觉静坐；还有爱洗澡的伍迪·艾伦，当需要激发自己时，他甚至有时一天会洗几次澡。

比如因为灵感触发需要独特情景刺激和不断重复这种联结，所以很多创作者都有属于自己的一套灵感触发机制。习惯躺着边抽烟边写作的卡波特，除了创作几乎不抽烟；席勒喜欢在书桌抽屉里放烂苹果，因为他发现这种气味可以激发他的灵感；"如果你想创作，就必须在日常生活中创造出一些与日常生活不完全是一回事的时刻。"《美国墓地》的作者蒂埃里·赫斯说，他的创作怪癖是凌晨4点钟开始工作之前要大声朗读福克纳、荷马或者莎士比亚等大作家作品中那些"充满能量"的章节。

以心理学的视角解释"创造力"

"创造学"——像吉尔福特[3]说的——"长久地忽视，突然地兴起"，而其在心理学领域的兴起正是吉尔福特在20世纪50年代出任美国心理

协会主席时发表就职演说《论创造力》所推动的。

阿诺德·M.路德维希[4]博士在1995年对《纽约时报书评》从1960年到1990年评论过其传记的人进行了研究，发现当他将创造性艺术家与从事其他职业者（比如商人、科学家和官员）相比时，艺术群体在精神失常、自杀企图、心境障碍和物质滥用方面比其他人要高两三倍。艺术家、作家和作曲家被强制进入精神病医院接受治疗的比例是非艺术家群体的六到七倍。

著名心理学家艾森克[5]试图从人格和智力的关系解释创造力。在他看来，创造力是一种人格特质，它为个体的创造性成就提供了潜在可能，但是将创造力特质转化为成就的驱动力（比如创作艺术作品），则需要一些精神病方面的特质，比如泛括性思维方式[6]。并不是说天才和疯子之间的确存在共同之处，而是泛括性思维与不同因素（天才/疯狂）结合将会产生完全不同的结果。当泛括性思维与高智商同时存在时，具有创造性的天才便应运而生，当泛括性思维和精神病症状相伴时，便可能产生不同程度的精神病。

2003年，哈佛大学的心理学研究人员对100多名哈佛学生的研究证明，创造性越高的学生，其"潜在抑制"[7]水平越差，同样，他们的智商也往往更高。"这意味着创造性个体和环境中的额外信息流始终保持联系，"作者约旦·彼得森说，"普通人对物体分类后就把它忘了，即使该物体比他想的更复杂，而创造力人士总是对新的可能性更为敏感。"同时，正因为创造性个体对周围环境的刺激更敏感，比普通人更容易在较短的时间内接收并处理更多更综合的信息，所以更容易产生广阔的思维。

而且创作者内心容易被一项任务吸引，往往会想要独处，不愿被人打扰，一些社交性的事务和细节会被忽视，同时任何在此时妨碍他们工作的人或物都可能成为他们蔑视和敌对的对象。"被人盯着看会影响创造力"也被心理研究证实。因此富有创造力的人在心理上与其他人保持一定距离，是为了把人际侵扰的负面影响降到最低程度。至于创作者普遍存在的忧郁、痛苦则能让创造者平息狂热，仔细洞察热情创作时的思想和感受……

"怪咖"们的理性

梅森本人坦陈，自己并没有从研究这些大师的日常怪癖中得到有关创造的指示，他看到的是，"他们徒然地等待灵感降临，体验到瓶颈和文思枯竭的折磨，因为怀疑和不安而焦虑痛苦……他们全心投入日常的工作，但是永远对自己的进展没有完全的信心；永远小心翼翼，生怕有朝一日前功尽弃。所有的人都找出时间完成他们的工作，但究竟他们怎么架构自己的生活，达到怎样的目标，则有无尽的变化。"

完整的创作过程除了创造性发现问题的灵感碰撞，还有把创意转化为符号表现形式的日复一日的日常工作，这需要高度的自律和理性维系。虽然创造者看似都是自发的、易变的和不稳定的——在精神机能障碍的多种测试中，他们的指数更高，但同时他们又是"更健康"的——在自

信和自我力量的测试中，他们表现出更高的指数。受到高度的自我力量
或自我控制所节制的精神失常才和创造力联系在一起。

- 画家培根可以一天大吃大喝几顿、晚晚寻欢作乐、画室乱作一堆、
  墙上全是乱七八糟的油彩。可是终其一生，他清晨起床后的第一件
  事就是画画。
- 用一辈子写下《追忆似水年华》的普鲁斯特傍晚 6 点才醒来，然后
  就在床上写到天亮，日日如是。
- 史蒂芬·金一年 365 天，天天写作，包括他的生日和假日，而且他
  从不让自己在达到每天 2000 字的字数限额之前停笔。
- 作家村上春树凌晨 4 点开始写作，一写就长达五六个小时。
- 波伏娃和萨特，他们的生活因为双方保持开放性关系的约定显得传
  奇而风流，但据波伏娃另一个同居男友克劳德·朗兹曼回忆，她同
  样是工作狂，"第一天早上，我想赖床，但她已经起身洗漱，坐到工
  作桌前。'你在那边工作。'她指着床说。"此后他们便再没有说话，
  直到中午波伏娃去找萨特吃饭。

有人把梅森·柯瑞研究的所有创作者的作息时间做成了统计表，发
现这些人平均的创作时间为 7.37 小时——一点不比普通人的坐班时间
短。也许正如巴伦所说："高创造性的天才也许一度天真又知识渊博，既
精通原始的符号又懂得严密的逻辑。与普通人相比，他们更原始又更文明，
更有破坏性也更有建设性，有时更疯狂同时心智又更清醒。"

如果想驱动自己的创造力……

反正整个社会对出于创造动机的怪癖的宽容程度大大提高了。不对，不
能用"宽容"这个词，应该是怪癖成了普遍渴望的某种天赋异禀的标志，
人们窥探这些怪癖背后或许包含着某种提高创造力的秘诀。

关于创造力的动机，早期的精神动力学研究认为，创造性行为是减
缓张力的途径。而张力来源于其他的不能被人接受的需要。

弗洛伊德认为，创造性活动使成年人在工作中克服矛盾冲突，使人
带着情感上的满足沉浸在幻想的世界中。罗杰斯 [8] 则相信驱动创造力的是
人们自我实现的倾向。马斯洛和罗杰斯观点相似，强调自我实现的创造
力既不是被追求成功所驱使，也不是像精神动力学派所主张的那样，是"通
过对被禁止的冲动和愿望的退行性控制而起作用"的结果。科拉奇菲尔
德 [9] 进一步明确阐释了对创造力而言，有以下两种动机的区别——外部动
机指的是"将创造性解决方法的成就看作是达到进一步目标的手段，而
不是目的本身"；内部动机则是"创造性行为本身即具有内部价值"，虽
然两者都能产生创造性活动，但只有当他由内部动机驱动时才能产生更
大的创造力。

后续的研究还发现，创造力的关键部分是个体对其所从事的任务有
深切的热爱，并对工作本身感到愉悦，"创造性个体认为他们所进行的创
造性活动本身就是一种奖赏，而且这是最重要的奖赏"。

帮助人们将创造性潜能发挥到极致的最佳途径是允许他们做自己热爱的事情，选择工作的自由使得一个人有可能寻找到那些以强烈的内部动机去寻找答案的问题，而高水平的内部兴趣是创造性成就的基础。

虽然提出种种理论，但其实没人能确切地回答这些需求本身又源自哪里，就像我们并不清楚我们追求的任何知识——科学或艺术——会把我们带向何方，但一直以来就是如此。

创造就像是往尚未照亮的黑暗里多走的两步，至于用一种怎样的步态和最后带回来什么，世界从来没有许诺过。

最好，你是真的想知道黑暗里面是什么。

注释

1　梅森·柯瑞，美国知名博客作家。长期在个人博客中撰写近四百年来知名欧美文艺人士及其他领域优异群体的日常生活与工作习惯，引起网友共鸣，最后它们结集成了他出版的第一本书。

2　《斐德罗篇》，是柏拉图谈论爱与伦理的优美篇章之一。其中，他强调，在众多生存技艺之中，都有可能出现一些特别"伟大的技艺"，而它们需要借助"迷狂"和"灵感"才能实践和得到认可。

3　乔伊·保罗·吉尔福特，美国心理学家，以对人类智力的心理测量学研究而著称。

4　阿诺德·M.路德维希，医学博士，精神病医生，布朗大学精神病学与人类行为学副教授，退休前任肯塔基大学医学院主席和精神病学教授。

5　汉斯·艾森克，心理学家，对智力与人格的研究最广为人知。是现代人格科学理论的主要贡献者，并且在建立精神紊乱的行为治疗中扮演关键角色。

6　泛括性思维方式（over-inclusive thinking），在艾森克的理论中，泛括性思维可以通过词语联想测试加以测量，词语联想测试主要分析两个方面的内容：个体对给定词语的反应数量以及反应的新颖程度。比如，当给定的词语是"脚"的时候，只能给出固定答案的个人最有可能给出"鞋"的联想，而具备泛括性思维能力的个人可能会反馈如"士兵"或者"疼痛"等词语。

7　"潜在抑制"，指动物无意识地将经验中与其需求无关的刺激忽略的能力。

8　罗杰斯，美国人本主义心理学的理论家和发起者、心理治疗家。他的自我论和马斯洛的自我实现论在基本观点上是一致的，都认为人有追求自我价值实现的共同趋向。但他更强调人的自我指导能力，相信经过引导人能认识自我实现的正确方向。

9　科拉奇菲尔德，美国个体、实验、社会心理学家。

李家隆 Li Jialong | *text*
老老老鱼 YU Wuyong | *illustration*

奇怪癖好＋设计＝惯性日常

能买到的最好的怪癖

工业设计与行为习惯

"最为民主的设计与生产是大批量高质量地生产出价格适当合理的产品。"《设计的故事》(*The Story of Design*,2013)一书的作者彼得·菲尔(Peter Fiell)在接受 BBC 为摄制《设计天赋》(*The Genius of Design*,2010)所做的采访时这么形容现代主义设计思想,"为最广大的人群提供最优质、最低廉、最好的产品。"连续使用的这四个最高级形容词的背后,是波澜壮阔却还不够先进的工业革命——分工劳动、流水线、大规模机械生产——和人类科技发展的想象力的贫乏所导致的对于公众品位退化的无谓担忧,是一代代被新材料、新技术、新思想所启发的设计师们对于追求产品设计上的进步和改良的无限激情,以及更为深刻高远,贯穿设计思想,始终如一的信念:解决问题,改变世界。

张小泉剪刀,伯根和铂尔 10 号羊毛剪(Burgon and Ball's No.10 Sheep Shears),日清鸡味泡面,速溶咖啡,无线网,智能手机……被众多产品宠爱着以至于对设计上凝聚着的智慧习以为常的我们,甚至意识不到它们解决了多少问题或是对我们的生活习惯造成了多少改变。现代生活被构建,行为习惯被培养。无论是多么奇怪的癖好总会落到物品上并借以体现。工业设计及其产品,不仅仅是被使用的物品,如同绘画、书籍、建筑、音乐,是人如何认知世界及人自身面貌的反映,比其更妙的是,不同于绘画和建筑的唯一或是音乐和思想的无形,这些产品是正在生产的工业商品,是你能买到的不打折扣地被人类所具象的怪癖。

Eccentric + Design = Daily Life
The Best Industrial Designing Products You Can Ever Buy

多动 + 椅子

工业设计师似乎偏爱椅子，超过 1000 把各式椅子在工业设计史上各擅胜场。座椅不仅仅是用来坐。托纳特（Michael Thonet）发明的"蒸汽弯曲整木"技术和借此制造的简洁优雅的"椅子 14 号"（Chair No.14，1859）是现代工业批量制造的先驱。里特菲尔德（Gerrit Rietveld）的"红与蓝扶手椅"（Red and Blue Armchair，1918）是风格化、个人化的代表。布劳耶（Marcel Breuer）的圆形钢管悬臂椅（MB-118 Chair，1928）是包豪斯设计风格和先进的材料工艺的体现。大部分座椅的作用是供人坐，但总有些人不肯好好坐下，而当这些人正好是设计师时，椅子的作用便被大大扩展，甚至变得不像是个椅子。雅各布森（Arne Jacobsen）的"蛋椅"（Egg Chair，1957）和威纳（Hans Wegner）的"牛椅"（Ox Chair，1960）同时加宽并弧形化椅背，在扶手处增加支撑，使得人们可以斜坐在椅子上将脚跷在扶手处时头部仍获得来自椅背的支撑。奥布斯维克（Peter Opsvik）的"平衡多功能椅"（Balans Variable Stool）则能提供近十种既舒服又不同的坐姿。哥伦布（Joe Colombo）和潘顿（Verner Panton）所设计的座椅则不拘一格。换句话说，怪异。哥伦布的"管"椅（Tube Chair）由如套娃一般套在一起的四个管子组成，每个管子表面附有海绵能够自由组合固定，有指数爆炸般的多种组合方式。潘顿的"生活塔"（Living Tower）像是两个相对的字母 E 所组成的分隔不完全的"田"字长方体，分隔采用弧线，构造出不同大小的数个空间。这些已经不仅仅是座椅，而是自由。

001

002

003

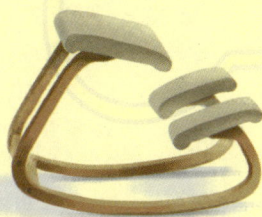

004

005

006

008

007

001	"椅子 14 号"，托纳特
002	"蛋椅"，雅各布森
003	"管"椅，哥伦布
004	"平衡多功能椅"，奥布斯维克
005	"生活塔"，潘顿
006	"牛椅"，威纳
007	"红与蓝扶手椅"，里特菲尔德
008	"圆形钢管悬臂椅"，布劳耶

香烟 + 烟灰缸

正如香烟将人们分为吸烟者和不吸烟者两种，也有两种不同的烟灰缸：吸烟的设计师设计的和不吸烟的设计师设计的烟灰缸。前者如勃兰特（Marianne Brandt）的"烟灰缸"（Ashtray），如同包豪斯一贯的设计，回归功能，三点支撑脚提供稳固，碗形构造增大容量，可拆卸的有孔盖子在方便清洗的同时也一定程度上防止烟灰四溅。弗莱彻（Alan Fletcher）的"蛤蜊烟灰缸"（Clam Ashtray）由两个有着多达 28 个锯齿的一模一样的圆形烟灰缸组成，扣在一起时，锯齿严丝合缝，像是蛤蜊壳合在一起，分开时则提供 56 个香烟搁置位置，专为烟友聚会设计。卡斯蒂格利奥尼（Achilles Castiglioni）的"螺旋烟灰缸"（Spirale Ashtray）则在普通的烟灰缸内部增加了一个可拆卸的如同首尾相接的弹簧一般的环形螺旋，借由其轻微的弹力和物理构造，可以将香烟头斜向下放在烟灰缸上而非如同其他设计，只能水平或斜向上放置，是经常吸烟吸到一半就忘记了的烟民的福音。而后者，则如罗兰特（Aart Roelandt）的"烟灰缸"（Ashtray），简单地讲，它使用方便但处处传达着请勿吸烟的讯息，体现出一种不吸烟者对烟民的包容。

饮料 + 易拉罐

罐装饮料中，青岛啤酒、可口可乐、正宗凉茶、苏打水、八宝粥、杏仁露、椰汁，这些饮料的共同点是什么？易拉罐。艾马尔·克林安·弗雷兹（Ernie. C. Fraze）在 1959 年发明了易拉罐（Ring-Pull Can End），并将此技术卖给美铝（Alcoa）公司。多年来，这项发明只有过两次成功改进：一次在 1965 年，拉环形状替换为更简单且单薄的圆环；第二次在 1975 年，科泽克（Daniel F. Cudzik）为了改进分离式拉环容易断裂的问题而发明了内嵌式拉环。易拉罐，如同塑料袋、方便面，伴随着资产主义而来的消费与浪费，一个典型的经典且常见到让人视而不见的设计。

003

001

002

005

004

文具控 + 回纹针

最被喜爱的文具是什么？鼹鼠皮笔记本（Moleskine Notebook），设计于 19 世纪 50 年代，近两百年的传奇产品，20 世纪艺术家，诸如梵高、海明威等人的最爱。狄克逊铅笔（Dixon Ticonderoga Pencil），由约瑟夫·狄克逊（Joseph Dixon）及其公司于 1829 年开始设计并生产，在 19 世纪中后期近乎垄断全欧洲，一天卖出超过 3000 万支，其简洁六棱形、一端附加橡皮的经典设计延续至今。活页夹（Binder Clip），由巴兹利（Louis E. Baltzley）在 1911 年发明，除了大小和颜色，一百多年过去了，仍没有变化。万宝龙杰作 149（Montblanc Meisterstück 149）钢笔，至今仍是其他钢笔厂商顶级产品线钢笔造型的样本。19 世纪末，由挪威人瓦勒尔（Johan Vaaler）发明的回纹针（Paperclip）在这个名单的最前列。尽管最初的设计和现在通用的由一个金属丝经由三次 360°弯曲而形成的回纹针有所不同：最初时末端一段更短些，与另一末端不处于同一水平线从而增加了刺破或刮伤纸张的概率，但这并不妨碍人们对于其的喜爱。"二战"期间，纳粹占领挪威时，曾为了阻止挪威人纪念因抵抗德国入侵而最终流亡外国的挪威国王，强令禁止挪威人在衣服上佩戴任何徽章。挪威人只好在衣服上夹上回纹针以示纪念。爱它就是爱国。

010

009
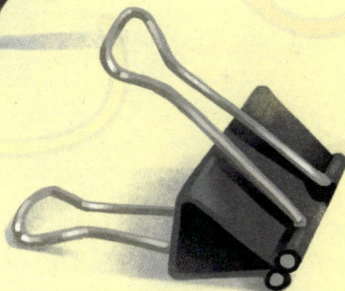

006
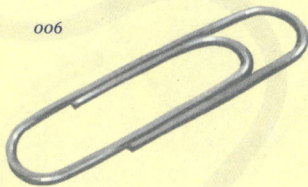

007

008

健忘症 + 便利贴

如何防止健忘？谢尔顿用大脑，谢尔比用文身，我们用便利贴（Post-It Note）。1968 年，斯宾塞·西尔弗博士（Spencer Silver）试图发明一种黏性够强且撕下后不会留有残留黏合剂的胶带。 阿特·弗莱（Art Fry）受其启发，将之用于便携书签上。最初便利贴设计用于宗教赞美诗集的书签，在 1980 年 3M 公司接手后则发挥出了更大的魅力。书签、备忘录、分类标签、恶作剧道具、计划筹划记录、可视化办公并非只诞生于信息科技时代，也诞生于结绳记事、文字书写、印刷出版和手机应用之间的这一抹小小的明黄色。便利贴似乎达到了这样一种平衡：既不过于落后而无法提升生产效率，又不过于先进而使人迷失。科技使人进步还是退步？好问题，值得记下来贴在冰箱上。

派对狂热 + 鸡尾酒

鸡尾酒是派对爱好者的另一件外衣。薯条汉堡炸鸡翅，皮衣长裙高跟鞋，泳池舞池酒吧台。人群间飞舞的是消费的荷尔蒙和享乐的多巴胺。但支撑这一切的是现代文明的基石。看看那一杯马提尼。混合的基酒是蒸馏与酿造的碰撞，添加的柠檬或橄榄是农业的哺育，酒杯则是玻璃工业发展的记录和设计哲学的体现。设计于 20 世纪 20 年代前后的"马提尼酒杯"（Martini Glass）有着深碟形的杯体，杯壁的角度能够完美地承载并固定住沉入其中的橄榄或柠檬，细长圆柱形杯脚便于握取，扁圆形杯底提供稳定性。而这些都隐藏在优雅简洁的酒杯和马提尼那简单而富于变化的口味之中。

001	便利贴
002	"马提尼"酒杯
003	冰淇淋铲
004-006	标致胡椒研磨器

001

002

完美主义 + 冰淇淋

最早在 1935 年就可以吃到一个简单而完美的圆形的冰淇淋，那一年正好是凯利（Sherman L. Kelly）设计了 0 形冰淇淋铲（Zeroll Ice Cream Scoop）。简单的造型背后是工程学与物理学的结合，Zeroll 商标提供了足够的摩擦力保障人们可以抓住铲柄不打滑，弧形铲头有助于形成完美的圆形，而一体金属结构则有效地将手部的热量传达到铲子部分，挖冰淇淋时不再是用力，而是用热，随着铲子在冰淇淋表面的移动，手部的热量将接触的地方些许融化，轻松地获取冰淇淋并留下一个被融化后又再次冻住的光滑表面。哇！一个完美的球形。完美到吃冰淇淋时，会说去吃个"冰淇淋球"。

厨艺爱好者 + 胡椒研磨器

烹饪是人类的破坏欲和创造欲最温柔的结合与体现。食材如同整个世界，被发现、被改造、被使用，以及被享受。当进食不只是生存的保障后，即使是研磨一粒胡椒，都有着无数的可能和追求。复古情怀：从石器时代沿用至今的研磨钵在内壁螺纹和石棒的重量作用下能够创造出手工感十足的无规则颗粒；工作效率：只要按下按钮，结合冶金工业和电动动力成果的电动研磨就能自动完成一切；便利准确：单手按压式研磨器，每一次按压都能产生定量、定粗细的胡椒末。不应忘却的是近二百年的明星产品：标致胡椒研磨器（Peugeot Pepper Mill），19 世纪中期设计，1874 年开始大规模生产，有着类似国际象棋中的士兵的外形，顶端的金属钮在固定盖子的同时也承担调节研磨粗细的作用，略具弧度的造型便于抓握和施力，木制外壳泛着光华，诱惑厨艺爱好者向厨具爱好者转变。厨具是个无底洞，不过爱做饭的人和爱吃的人运气不会太差，只要能遇到对方的话。

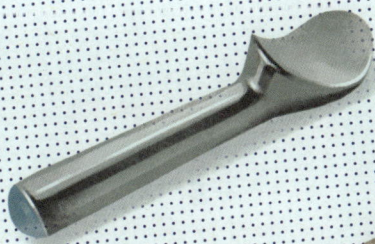

003

004

005

006

怪癖商铺

一个昭然若揭的秘密花园

范钦儒 FAN Qinru | *text & photo*

Store of Eccentric Products

A Secret Garden,Yet So Overt

商品：企鹅手账

上架理由： 医学家说，人类普遍只开发了脑容总量的 10% 左右。换算成记忆时间，超忆症患者恐怕也无法还原上个月的每一个细节。所以，再没有比记录 2016 更重要的事了。尤其是空有文具无处使的手癌患者们。

产品描述： 三段式全年日历 + 手账记录
招领人群： 手癌文青
售价： 188 元 / 本（企鹅、未读联合出品）

商品：黄铜文具套装

上架理由： 日本人天生性冷淡，极简风一直刮到天荒地老、世界末日。MIDORI 作为日本顶级的生活文具品牌，黄铜文具是其历久不衰的经典产品。在气候、湿度、手汗、摔打不同程度的组合下，黄铜会变换成独一无二的私人专属色泽和形状，适合没有好文具就无法工作的恋物癖患者。

产品描述： 文具盒、铅笔、水笔、尺子、书签等任意组合

招领人群： 工具迷恋

售价： 单价 15~30 美元不等（Midori Brass 出品）

商品：蛋形地图

上架理由： 恶趣味是高格调的近义词，无厘头是高科技的取代品。匈牙利设计师 Dénes sátor 设计的蛋形地图是近年来最实用的恶趣味领导产品，扔掉折叠地图，关掉 Wi-Fi 流量，可手动放大缩小，居家旅行之必备，求北京同款。

产品描述： 弹性橡胶制成，内部填满空气，防爆破，抗摔打，防水防风就是不防扎。手持型趣味地图，恶劣环境下的忠实导航。

招领人群： 恶趣味

售价： 这个产品很懒，它什么都没有留下。

商品 ："风"家具

上架理由： 米兰不只有大模明星出没的时装周，2015 年米兰设计周，杨冬江教授带着他的家居作品"风"在米兰崭露头角。中国风不仅有"囍"字跟大花被面，也有被春风撩拨的性冷淡。但一经亮相，就受到了全球强迫症患者的抗议。

产品描述： 一桌两椅三个风吹造型，金属材质，永远无法抚平的表面

招领人群： 追求高格调的强迫症
手癌文青

售价： 米兰参展作品，未售卖，可尝试联系作者本人。

商品 ：创意床品

上架理由： 荷兰家具品牌 SNURK 儿童系列，专治儿童多动症，六一好礼品。不论是针对女孩的公主主题、弗拉明戈主题，还是针对男孩的宇航员主题、海盗主题，都要保持头部的稳定性，造型才能完整美丽。睡歪掉可就不美了哟。

产品描述： 被套＋枕套套装，单、双人两种规格，印花

招领人群： 动作洁癖

售价： 690 元／套（SNURK 出品）

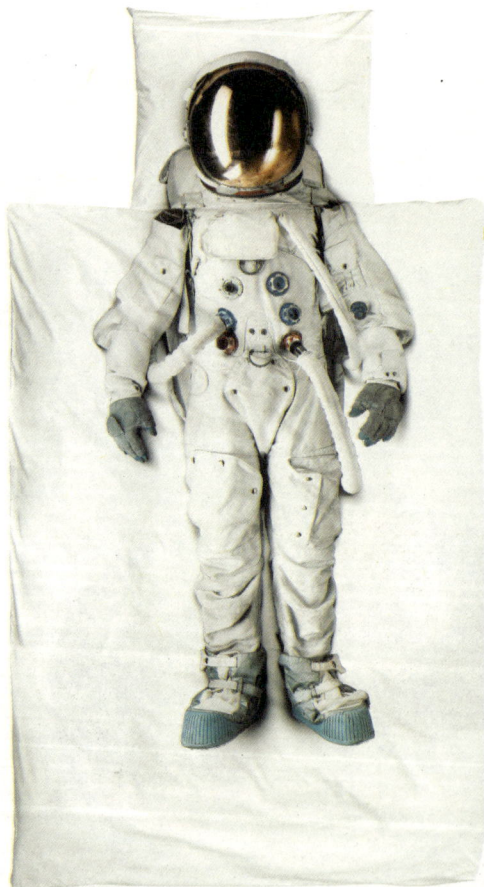

商品 : Nuna Popsicles 棒冰

上架理由： 如今这个看颜值的时代，吃货也必须经历锻造，中看不中吃说不定也变成了个好词儿。德国品牌 Nuna 准备在 2016 年向全球发售的棒冰就是吃货颜值高要求的典范。当然，它绝不会匹配平庸的口味，国际大厨 Heiko Antoniewicz 为其量身定做草莓薄荷、血橙蜂蜜、杧果柠檬、抹茶香茅、大都会鸡尾酒等多种口味。

产品描述： 几何造型，色泽闪耀明亮，六款口味可选。
招领人群： 外貌协会吃货
售价： 未上市（我猜便宜不了）

商品 : 马扎

上架理由： 物质文明发展到一定水平，追忆过去就成了精神文明层面的主要职责。从前的都是好的，别人家的才是最好的。荷兰设计师 Henny 制作的系列马扎，诠释了一个老外对中国文化的执着追求。但，设计师的产品毕竟与爷爷手作不同，不能摆在院子门口坐着吃红烧肉，体感差了一点儿。

产品描述： 国内有绿色支架、紫色支架、白色支架三款不同颜色可选，木质支架，织物编织垫，三款织物造型不同。
招领人群： 复古病
售价： 580 元 / 个

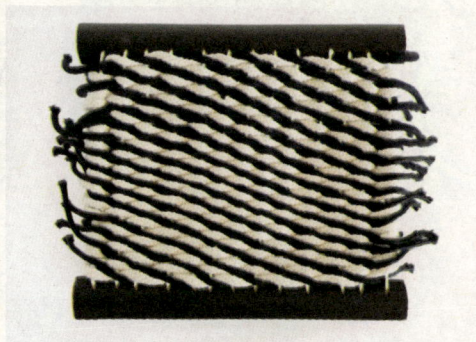

怪癖特辑

Characters

人物

没点怪癖怎么行！

00011
10101
100
111

1000010111010100111101001 10
11010001000100111 1001
10101001111010101100

何时开始怪咖变得很酷？

一个叫『安德森』的硅谷怪咖

阿降 A Jiang｜*text*
赵迪 Adee Chao｜*edit*
老老老鱼 YU Wuyang｜*illustration*

When Did Nerds Become Cool Guys?

A Nerd Named Anderson from the Silicon Valley

安德森可不只是怪咖

- 44 岁的安德森 Twitter 头像是史努比漫画里的查理·布朗，他顶着和这个光脑袋小男孩一样的蛋形秃头，一米九四的魁梧身形看起来像个庞然大物。

- 他是影视作品中描述的那类不擅长日常生活的怪咖：他常常弄不清道路方向，认为这些道路并不合理；他常常忘记把太阳镜放在哪里，因此在桌上放了九副；他常常提到爱迪生，因为他也是发明家，只不过他的工作车间就在大脑里，而他的工具是系统和平台。为了适应社会角色，他有时需要改变自己的装扮和举止，这叫改变"用户界面"。

- 他讨厌被恭维，被注视，被拥抱。他穿怪咖爱穿的那类 T 恤，有一件上面写着"请勿拥抱，请勿碰触"。

- 比起学习社交聊天技巧，他更喜欢通过电子邮件去获知信息。

- 他每分钟能打 140 个单词。

- 他是新兴技术的布道者，试图利用技术改变人们的生活。他相信，科技产品将很快颠覆人类的传统行为。

- 他认为，硅谷是人类的指挥中心，正迅速走向完美。

- 他有时一天会发 100 多条 Twitter 消息，给自己的 31 万粉丝发送警句、数据和长篇文字，由于"记者都在 Twitter 上面，这就像是一列地铁，而我在世界上的每个报站间都安装了喇叭"。他认为，如果你足够频繁、足够坚持地发出声音，那么将可以实现"光荣的反攻"。

《菜鸟大反攻》（*Revenge of the Nerds*）放映时，安德森 13 岁，还没离开家乡——那个他一点儿也不喜欢的以农业为主的美国威斯康星州的小镇，当地只有一家电影院，同时也是化肥仓库。要开一小时车才能找到一家沃登书店，"而那里到处摆放着烹饪菜谱和猫咪日历等无用的书"，因此在后来的岁月里，安德森都将亚马逊视为重要的知识传播者。

他很少谈论父母、兄弟，"我们不太一样，我也不太喜欢他们"。

9 岁起，他就开始在图书馆自学 basic 语言，他关于未来的看法都来自电脑和电视的另一端。

可是，安德森不只是怪咖。

他还是现在如日中天的硅谷风投界的精英形象：白人、仪表堂堂、40 多岁、成名已久。

他是 20 多年前曾经推动了互联网的快速发展的网景浏览器的创始人，虽然他并未出席网景公司的 20 周年庆祝会，因为这包含了他不喜欢的两大元素：聚会和回忆。

他是投资过 Airbnb、Facebook、Twitter、Groupon、Pinterest 等公司的硅谷顶级风投公司 a16z 的创始人，也是 Facebook、eBay、HP 的董事会成员，更是另一名更富有、更出名的"怪咖"扎克伯格的咨询顾问。

安德森在 Twitter 上说要建立怪咖国度（nerdnation）。

"怪咖？你说谁怪咖？"有人问。

"我说我自己。"

安德森是典型的科技乐观者

他在专栏文章里写道："科技公司正在逐渐抢占庞大的经济份额，从图书到电影，从金融到农业，再到国防。"安德森认为这是对腐朽生活方式的一种清理。

他在 Twitter 上说："假设所有的材料都由机器人和材料合成器免费提供……有 60 亿或 100 亿人什么都不干，专心从事艺术、科学、文化探索和学习，世界将会变成什么样子？"尤其是当"技术进步可以确保强有力的社会保障制度时"。

更重要的是当他通过推论、数据和反证向你滔滔不绝地陈述时，你会发现他很有说服力。"我们有个'怪咖国度'理论。全球四五千万的怪咖相信，比起本国人，自己与世界上其他怪咖有更多共同点。因此你可以选择，自己要加入哪个部落或团体。"Twitter 中的国度可以对应现实世界。

不知道安德森有没有开始行动，反正另一个硅谷知名风投、Paypal 创始人、知名畅销书《从 0 到 1》的作者彼得·蒂尔正在投资，在公海上建立一个政治独立的"海上家园"。这些主权小岛将被建造成像海上钻井平台一样，漂浮在不受任何国家管辖的公海上，既不受海洋法限制，也不受任何法规和道德规范约束，实现所谓的自由意志主义。

尽管这个计划并不可能马上实现，但是"海上家园"组织表示他们正在调查潜在客户的数量，并且正在和沿海国家协商建立第一个拥有政治独立性的漂浮之城。

不是每个人都够格被叫作"怪咖"！

1984 年，美国西海岸的大学生已经开始在车库里准备建立一个代码王国，比尔·盖茨初步打开了市场，苹果也推出了第一部 Macintosh。描写一群被大学兄弟会成员霸凌的怪咖通过技术成功实现复仇、反击的《菜鸟大反攻》，在当年叫好又叫座，后来成为 20 世纪 90 年代"nerd pride"觉醒的重要依据。当时看到这些电影的孩子拉里·佩奇、玛丽莎·梅耶尔、马克·安德森，以及后来的扎克伯格，成功实现了"反攻"。

现在他们是世界上大部分财富的创造者、全世界未来走向的预言家、顶级学府毕业生的理想雇主、大数据神圣而仁慈的操控者。

他们引导着世界潮流，酷到没朋友。

麻省理工学院教授杰拉德·杰伊·萨斯曼曾说："我的想法是让孩子们知道有智慧是好事，不要去理会反智主义的朋辈压力。我希望每个孩子都成为 Nerd——也就是指用学习去竞争以获得社会优势的人，虽然有时也可能不幸会被排斥。"

硅谷怪咖要建怪咖国度！

001 海上家园项目效果图。

002 该形象源自《生化怪人》[Freakazoid!]。

001

后来，《生化怪人》里开始说：
"畅销书都是谁写的？是 Nerd 们。
好莱坞爆场大片是谁导演的？是 Nerd 们。
只有内行才懂的高端技术是谁创造的？是 Nerd 们……
此外进入总统府高层办公室的都有谁？非 Nerd 们莫属！"

想想自己以后无法取得怪咖国度居民申请资格，真是让人沮丧。

001
大橘子和他怀里的美智老师。

杨一骊 YANG Yili｜interview & text

大橘子 Heyorange｜interviewee & illustration & photo

依靠大猫
抵抗悲观世界

大橘子：人生中最出格的一件事，

就是我坚持画了这么多年

To Fight the World of Mortals with a Furry Cat

Heyorange: It's Way too Much for Me to Keep Painting All Through the Years

一个典型的当着面儿才能聊出本性的怪咖

- 大橘子是个热爱摇滚乐和曾拥有长头发的短发插画师。
- 大橘子是个艺术气质与抖包袱都不落下的矛盾体。
- 喜欢独处，不太愿意身边有人，年龄一大又觉得身边没点活物也挺惨的，所以开始养猫。然后自然而然有了"大猫和小男孩"的形象和治愈系旁白。罗永浩曾在微博里说"大橘子也许是中国最温暖的插画师了"。
- 聊熟了之后会感觉大橘子有段子手的潜力，可他声称自己有"网络严肃症"，所以即使关注了他的社交网络账号也没什么用。他最勤勉的事情，是每天在宇宙之中增添一幅画。
- 在他的个人公众号"大橘子"里，有一个叫作"每天宇宙里多出一张小画儿"的系列，收录了他每日的最新创作。从2015年开始，"大猫和小男孩"作为一本小画书、限量版画、限量摆件和更多的人见面。至于它们的名字，大橘子说他并不想把它们变成某个个体，"我觉得不需要起名儿，因为画里说的是每一个养猫的人都懂的心情"。

介绍自己的时候，大橘子习惯称自己是个"画画的"。在广告行业摸爬滚打了十年，他做了很多好玩的创意，画了很多好看的画。不过他觉得是时候开启人生下一个阶段，跳出这个圈子去看看外面的世界了。现在的大橘子刚刚加入了一家互联网创业公司，在努力尝试新的领域的同时，他大部分的精力都放在了"大猫与小男孩"这个主题的插画系列上。

立秋之前的一个中午，我在北新桥胡同里的一家西餐厅采访他。他有挺多看起来挺矛盾的地方：身上的艺术气质让人觉得有点距离，但说起话来让人觉得就像和自己的好朋友闲聊一样自在；作为天津人，他也是三句话就抖个包袱，但聊到深处你会看到他对生活的狂热与执着之下，也把得与失看得十分透彻；和画笔一起走过了前30年中的大部分时光，他从未刻意索取，却循着初心找到了人生中一片属于自己的开阔风景。

一直感觉大橘子有段子手的潜力，不过他声称自己有"网络严肃症"，所以即使你关注了他的社交网络账号也没什么用，最好来亲自见一见他本人。他的微博上时常会出现些暖暖的大光圈，那是日常生活的真实记录，当然大部分都是美智先生的独家写真；也会有一些有点哲学有点深的人生感悟，那些被他自己戏谑地称为"心灵钙片"。

001

手机里没有真星座。

需要一只大猫抵抗悲观的世界

未读：人生里一共有过几只猫？

大橘子：就两只。大概两三年前吧，一个特别好的朋友送了我第一只猫。每次和那个女孩接触的时候，都能感觉到猫对她非常重要。当时不是特别理解，但听她描述了很多她和猫一起相处的场景，就觉得好羡慕啊。其实我自己喜欢独处，不太愿意身边有人，但是年龄大了点吧，身边没点活物也挺惨的。主要是一种陪伴吧。

未读：养了猫之后，你的生活有什么改变？

大橘子：改变特别大。记得当时在纽约卖画的时候，有一个学心理学的人看着我的画问："你是不是特别孤独？"我当时觉得还好啊。但是他说，画面很大，但每次画里只出现一样东西，它其实代表着你的思考和内心。后来……后来画里就多了只猫嘛。人和人之间太复杂了，但是对于猫你可以没有任何负担地单方面付出。虽然这么想可能有点儿自私。

未读：为什么画里猫那么大，人那么小？

大橘子：至于身材比例嘛，我每次抱猫都觉得特小，不过瘾，心想要是有那么大的一只猫可以抱，那多带劲啊，于是它就出现在画里了，画着画着，就越来越多。后来又养了第二只猫——美智，我们之间的互动沟通，会带给我很多灵感，于是就接着把它们搬到了画面上。

未读：用一种动物来形容自己，会是什么？

大橘子：猫吧，虽然我们家猫肯定不这么觉得，估计它嫌我话太多了，但是需要独处的这点还是挺像的吧。

未读："大猫与小男孩"系列乍一看是很温暖的色调，很治愈的旁白，但仔细品味还有一点点孤独，甚至是悲观。这是你内心的真实映射吗？

大橘子：在我的第一只猫去世之前，我从来没画过猫。它走了之后，我脑子里全是这些事儿，很自然就画出来了。

我确实认为世界就是悲观的，哪怕是一个特别热闹的场面，在我脑子里浮现的也可能就是聚会散去后那种孤单的感受。人生有一条线，从出生到死亡，在这条线上，我们一直都是在失去：失去青春，失去亲人，失去时间。所有的获得都意味着即将失去，如果你不站在这个角度看，就会觉得人生一直在获得。

001

你们人类真的配得上做高级动物吗?

『最出格的一件事，是坚持画了这么多年』

未读： 你是一个很 ZUO 的人吗？到现在为止，人生中最出格的一件事是什么？

大橘子： 留长头发、文身算吗？哈哈。我觉得一般想让自己外表看起来不一样的人基本上都没干过什么出格的事。对于我来说，唯一能算得上的就是坚持画画了。

我是从大学毕业那会儿开始画的，当时也没想着能不能靠它赚钱，就是喜欢。不过从那一刻起画到现在就没停下来过，中间也没给自己打过鸡血，还挺神奇的。可能就像有人喜欢看韩剧一样，画画对于我来说是一种舒缓思维压力的方式，我要指着它当艺术家，可能早就坚持不下来了。人活着总得有活下去的理由吧，以前很多非常有天赋的同行都放弃了，但我还在坚持画，坚持自己喜欢的事儿，不是那么容易。

未读： 广告创意和绘画都是很需要灵感的事，平常如何保持自己的想象力？有什么特殊的癖好？

大橘子： 想象力我认为是在大量看东西的基础上才能维持的，文字、画面、电影、音乐等，一个人生活范围相当有限，生憋不出什么东西。有时书里的一句话，哪里不经意看到的一个构图，都会让人豁然开朗。

最近一不小心买了几本荒木经惟老师的书，讲他的一些创作历程和经验。看到他在太平间拍他母亲遗体时领悟了构图和拍摄角度时，还是挺震撼的。北野武电影《阿基里斯与龟》里也有类似的剧情，能让人感受到日本民族对生命的理解有一股狠劲。

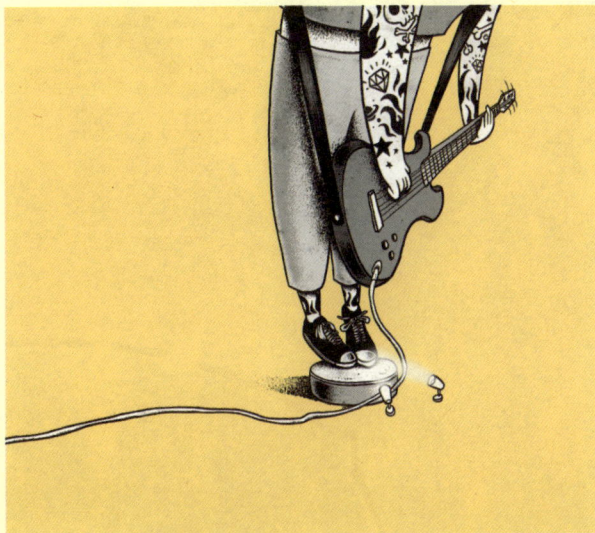

001 选自陈坤《鬼水瓶录》

002 可不可以给我一个大些的舞台？

003 选自陈坤《鬼水瓶录》

004 我是你永远的听众。

003

004

按時餵飯

001

每一句美好的誓言都是有代价的。

未读：有没有在某一段比较长的时间里尝试不画画？如果有，为什么？有什么不一样的感觉？

大橘子：仔细想想还真没有，间歇的休息大多是因为手头工作比较多，没时间画画时多少会有点儿心慌，觉得浪费了一些时间。

未读：如果给你一年时间就只画一幅画，你会想画点什么呢？

大橘子：这么一说，忽然要得焦虑症了！这倒是提醒我，有的时候想到底要画什么的状态真不是特别好，还是随手开始画，在过程里找到一些方向和想尝试的东西比较有意思。

未读：除了画画，还有什么事是让你乐此不疲的？

大橘子：听音乐、拍照什么的都挺好玩的，综合讲，就是乐此不疲地玩儿吧。

未读：听说你最喜欢的艺术家是奈良美智？

大橘子：前段时间买了他的一本画册，可以看到近二十年来他所有画风的推进。早期的时候他可能更希望自己的作品看起来像当代艺术，探索了一段时间后又慢慢回到了自己最擅长的那部分——画可爱的东西。画里可能是萌萌的小女孩，但露出一个小尖牙；或者是一个粉嫩粉嫩的小姑娘，手里握着一把小刀。你会发现她的内心对世界是有一点点孤独和不满的，但已经不再用以前那种很粗糙的手段去讲述了。当然不能跟奈良老师相比，但是受这样的启发，我也能在自己的画里读出自己心灵成长的阶段。

未读：对于未来有什么期望？

大橘子：挺想有个小女儿的，想想要是能一起画画肯定很开心。别的没什么了，在现在的社会价值观下，"追求音乐""追求美术"都会被扣上一个"虚无"的大帽子，同时我们还鼓励"追求理想""追求幸福生活"。我反倒觉得追求幸福生活才是最虚无的，因为幸福永远没有标准。永远会有更大的房子和更贵的车，永远有比你更好的邻居和亲戚。相比之下，好好画画，把自己想做的事儿坚持下去更切合实际一些。

未读：到现在为止，你觉得人生中最遗憾的一件事是什么？

大橘子：天资有限，看到许多好画儿好文字的时候，更深深这么觉得。

未读：你曾经说，人的终极目标就是死，为了让自己死得其所，所以要在活着的时候让人生更丰盛。感觉你一点都不纠结，一直都是这样？

大橘子：也不是没纠结过。年轻的时候也像韩寒老师一样，特想跟世界谈谈，想让自己喜欢的那些文艺且有价值的东西能被所有人看见。但后来慢慢发现，你想改变大部分人的思维方式是非常难的，相比较而言，探讨自我比改变他人更有意义。

做了广告之后，我又明白一点，越受大伙儿欢迎的东西越能形成文化，所以这个世界上什么类型的东西都有它存在的道理，并不是自己喜欢的才是唯一正确的。也可能是年龄大了，思维方式也不像原来那样局限了。

未读：**未读：在北京生活了这么长时间，觉得北京文化最不一样的是什么？**

大橘子：在纽约参观美术馆的时候对这点有特别深的感触。在亚洲区里，你会发现日本、韩国、印度尼西亚等，它们整体风格都会有某一种偏向，但到中国的就特别中正，北京也是。

在其他地方，你很难随时随地和别人就某一种文化进行深入的探讨，有些地方甚至觉得文化没有那么重要。但北京不一样，它基本上没有什么偏见，这也是为什么那么多搞音乐、搞美术的人喜欢扎根在北京，它综合的东西特别多，最终磨合出来的也是非常正统的文化。

未读：在纽约两年的生活对你创作有什么影响？

大橘子：基本上就是白天去纽约看美术馆，晚上回家琢磨画画。我们家住在新泽西，其实就是纽约的"通州"，一点儿都不夸张。那边过了晚上 7 点之后街上都没人了，完全没有文化娱乐生活。生活方式决定了创作的内容吧，那段时间，思路被拓宽了很多。可能以前画的更多的是人和人之间的思考，因为在大城市里人与人之间联系太紧密了，但当你到了一个陌生的环境，甚至一天都找不到一个熟人说话的时候，你的创作也变成了和一个更大的环境的对话。

在不同地方琢磨创作

001

001　无题

002　选自陈坤《鬼水瓶录》

002

跟「黑暗」死磕

熊亮：我必须在这个年纪留下属于这个年纪的东西

好同学 Javis．H｜interview & text
熊亮 XIONG Liang｜interviewe
时差空间 Meridian Online｜photo

001

有些黑暗，需要我们去探触。真假不为关键，心中的恐惧和残酷必须直接面对。去体悟，去相信。愿力即奇迹。——熊亮

001

Be Obsessed with "Dark"

Xiong Liang: I Must Leave Appropriate Traces in Pace with My Growing Age

有些"黑暗"，需要探触

- 2008 年，熊亮 34 岁。
- 某一天，他决定做一些新东西，一些潜藏已久却始终不为人知的东西。
- 他解散了工作室，把自己关在房里，一画就是四年多。
- 房间里铺满地膜，角落里累积了厚厚的灰尘。颜料和墨水斑斑驳驳，音乐震耳。画者胡子拉碴，围着地上的画作打转，琢磨，仿佛时空中只剩自己一人，也只有他一人。
- 由于早年的经历，熊亮对周围世界中"失衡"的存在，直觉敏感。总有一些苦难在朋友的朋友身旁上演，而未曾遭遇的人唏嘘片刻，也只能感慨命运无常。如此，在欢愉的此刻，往往有某种清醒而冷酷的意识在提醒熊亮：如果当下倾覆，自己还能心如止水吗？

- 现世安稳，但一切都值得考验。
- 内心的矛盾焦灼如影随形，于是熊亮决定，以艺术创作的方式去直面黑暗，探触心中的恐惧和残酷，以图跨越。在深渊面前，他主动选择了试练。"我选择尝试这样的风格，也是想挑战自我，去感受自己是不是真的勇敢。"
- 长久沉湎于黑暗创作，熊亮的内心充满压力。
- 逐渐，房间满墙满地铺着这样堪称可怖的画作，有朋友甚至称他的作品充满了"冒犯性"。但熊亮坦言，选择这样的风格，并不是因为他崇尚黑暗，而是正因为经历过黑暗，才发现自己对此更加无法忍受。他深知，让自己穿越黑暗的唯一方法，不是掉转目光，而是迎头直面，才能理解、跨越，得到救赎。

阳光下的一切美好得近乎假象，日常舒服得让人麻木，遗忘了危机的含义。然而危机从未远离，自古至今，民间长久流传着类似的故事：路遇不测、无辜蒙冤、突患绝症、家破人亡……

"美好和平静其实转瞬即逝。深渊犹在，黑暗犹在，痛苦犹在。人若是想掩藏这一切，它们就会反复出现。如果直接去面对它，就能慢慢跨越。"

凝视深渊，深渊也会回望你。即使是抱着研究思考的心态，黑暗一样会吞噬创作者的内心。那些远古超现实的故事和场景，其内在情节却是熊亮在当今城市中亲身经历的回忆。千百年来，人性从未改变，在画画时，只有勇于逼视自己内心的恶念与软弱，才能如实画出地狱里那些扭曲骇人的面孔。

"做得久了没有不慌的，晚上出去散步，我给自己打气的方法很简单：

'没事，我还是个男人呢！'就这么简单。"

　　珍藏七年，打磨七年。《寻暗集》出版问世。

　　近80张"黑暗美学"的当代水墨创作，三个流传民间的戏剧故事交织，荒诞离奇而触目惊心，直直探向幽暗惊恐的人性深处。

　　"我已经40多了，这部作品是年轻时创作的故事。那时我怎么会想到，七年之后，有那么多朋友合力从尘封中将书稿理出来？那时你我甚至不曾相识。"

　　当问到书名为《寻暗集》，为何要寻找黑暗时，熊亮说："我也不能回答。我们从无明的黑暗中走来，寻找的实则是光。"

001　阿鼻地狱为九重铁围城，在那里，时间没有间断，空间没有间隔，只有永无间断的苦。法师，您当知这是他们自己的业力极深所致，罪人魂魄终极去处，一入阿鼻地狱，千万亿劫，解脱无期。法师，又何必强寻烦恼呢？

（选自熊亮编绘《寻暗集》）

『有个朋友说我以前的作品一直都充满冒犯性，触及别人的审美限度，但对我来说是很自然的……』

未读：是怎样的契机，让你开始创作关于恐怖和黑暗的故事？

熊亮：我一直很喜欢黑暗的东西。比如我听的音乐、看的书，以及最早创作的绘本《卡夫卡》。有个朋友说我以前的作品一直都充满冒犯性，触及别人的审美限度，但对我来说是很自然的东西。但这并不是说我对黑暗是无限制地接受，反而是对黑暗、痛苦、残酷的东西很敏感，觉得不能忍受。不过我不是掉转目光不去看它，而是想看得更深，想要感受和跨越。

未读：你怎么看待恐惧和无惧？

熊亮：大家觉得恐惧不能接受，是因为现在的生活很好、很舒服，但其实什么都会发生。比如《乌盆记》这个冤死的故事，这种事虽然你没遇到，但其实很常见。所以恐惧就是把自己放置到一个可以真实看见自己的状态。我之前去迪拜，穿过沙漠有一个堰塞湖，就去游泳。那个峡谷水非常深，深渊直穿黑暗，孤身一人置身其中，周围只有鱼群，完全脱离界外，如果人生处在那个氛围，那也是一种黑暗状态。这时你会发现自己表面的坚强在换了个处境时就完全不存在了。坚强都是有参照的，稍微脚底碰到什么东西，就会想是不是大鱼，感到慌张。每个人一生中肯定会遇到恐怖的一面，所以我就想，什么是真正的平静：无论在什么状态，甚至面对别人残害的时候，都能保持平静的状态……听起来是有一点变态，但我觉得这是必须思考的。

未读：为何选择这种很强烈、很有冲击力的创作风格？

熊亮：主要是面对脆弱吧。强烈风格背后其实带有脆弱、死亡的一面。有个例子给我印象很深刻——有次度假，有个小孩子的妈妈临时离开

001

001

001　五道将军：和尚，啼啼哭哭，有损容仪，
　　　也不要向我倾诉烦恼，世上何人无阿母？
　　　死别生痛在这条路上太寻常了，多于恒河
　　　之沙！自我守此路起，就不曾让任何魂魄
　　　有机会逃脱。（选自熊亮编绘《寻暗集》）

002　熊亮作品展现场

003　目连闻言心中领会，忍哀恸，悄告退，径
　　　向阿鼻地狱去。途中翻越多座鬼城火山，
　　　受苦之人纷纷向他求助，目连谨记五道将
　　　军所言，只得暂不相顾，一意前往阿鼻地狱。
　　　（选自熊亮编绘《寻暗集》）

一下，他就号啕大哭，周围环境多漂亮对他来说都仿佛不存在。我们现在之所以会比较平静是因为我们有丰富的经验，闭上眼也能感受到这些概念、关系。然而安全是相对的，每个人在本质上其实都是失衡的，人的本性就是不安的。所以在正常的生活当中，和那个小孩一样，我一直相信这些美好和平静其实瞬间即逝，深渊可能存在，黑暗也可能存在。人遭遇了那些黑暗、生死、怨憎，如果把它藏起来，它反而会反复出现。但如果你以很强的姿态去面对它，就能慢慢地跨越。我一直想把自己放置在那种状态之中，想去接受，或者说学习接受这些东西，去感受自己是不是真的勇敢、真的安全，只有当跨过那个坎才能感觉到。所以我想在画画、艺术创作当中去尝试这种风格，也是对自己的不断挑战。

未读：通过作品，您想传达的善恶观是怎样的？

熊亮：有些人认为罪恶也是催生新的生长的一种方式。但我不这样想，在哲学上你可以超越这些概念，但是在行为上还是要克制，至少是不能造成伤害。《寻暗集》里讲到伤害，但这个部分是要被克制的。简单来说，我虽然做了很多黑暗的东西，但我想自己还是比较善良的人。（笑）

未读：《寻暗集》原来有十个故事，那其他几个故事是怎样的？为何只收录了这三个？

熊亮：一个是探阴山；还有一个故事，后面越画越疯，整个人眼睛有脸那么大，眼睫毛有一米长，只会唱歌，也是古老的剧里来的，后来我看这个太不靠谱、太疯狂了，所以我自己也没有拿出来过。还有一个来自最早做的玄怪录，中国的唐小说传奇。你看现在西方、日本动画片还有电影，很多是从唐小说改编的，所以我就做了一些唐小说，有个杜子春先生，现在写成了现代剧。它讲的是这个人的困境，这个人在长安道上，有了钱，又没了钱，就是习惯性的贫穷。一直转，一直很累，然后有人给他钱，但最后都花没了。他全都花没了的原因一是他大手大脚、不懂经营；另外也是他觉得钱没有那么重要，想要看透这个东西，所以他也学道。你知道中国人就是自古到今一部分想从精神上摆脱善和恶、有钱没钱这些东西，以空的状态来理解道家，另一部分又很现实。所以老人说："你这个状态很有意思，每次给你钱，你都能花没了、又变穷了，一次一次给再多钱，到最后都会变穷。"所以他就学道了。在空室里面把这一切都想象成是幻觉，但他最后还是回到了红尘中。所以这个故事里就有一个困境：一边在学各种想

『人遭遇了那些黑暗、生死、怨憎，如果把它藏起来，它反而会反复出现。但如果你以很强的姿态去面对它，就能慢慢地跨越。』

要解脱的东西，学佛、学道、学各种身心灵；但一方面我们很难摆脱自己内心的惯性，又很现实，所以他还是会成魔，他只是在掩饰。这种困境一定会给我们一些思考，所以我把它写成了现代剧。其实我觉得三个故事够了，杜子春我已经画出来了，但是画出来的风格是不一样的，每个故事都不一样。目前收录的这三个故事风格比较强烈，是重剧，杜子春是很荒诞的一种场景，有一种梦幻的场景，风格差异太大，我就不放进来了，其他的风格重复或者太疯了，我也没做。但是我会写成现代剧，我做了很多现代戏剧，都是很中国化的，但是场景全都没有古老的成分，全都是地铁、路上、宾馆等各个场景，与古代无关，但是你要是究其内核，都是来自于这些。

未读：你觉得自己是个疯狂的人吗？

熊亮：是吧。我平时总说没有困难啊、没有遗憾啊，嘻嘻哈哈的。不过创作《寻暗集》时，一个人在顶楼的小房间，房间里堆满了灰尘，挂满了这样的画，一坐就坐了四年，什么都不干，基本上状态不会好到哪里去。现在想，我觉得会困在这个事情里面的人，一半是勇气，正面的、积极的勇气；另外一半，应该是他疯了。

之前有一位美术出版社的社长，非常好，与我素未相识，只是从朋友那儿看到一些画稿，就特意请我去他的办公室，聊到他的一位同事好友也是画鬼的题材，天赋卓绝，后来跳楼自杀了。其实你看我的作品中，什么韵味（国画的韵味）我都不去考虑，都是很赤裸裸、直接的，创作时一样会有恐惧、心理压力。但不知道为什么，可能我疯得更厉害一点，所以没问题。

未读：平时会多关注什么样的作品？

熊亮：看小说的话，最近只要是喜剧类，我都挺爱看的。关于绘画和艺术的书，现在是以画论为主。还有就是对纯视觉的绘画特别感兴趣，只要是一幅画，别人看一幅画就是一个平面，但我看一幅画就是看背后的东西，滔滔不绝，可以讲很多，这也是我阅读方面的乐趣所在。

未读：画画对你意味着什么？

熊亮：每个时期不一样。小时候是爱好。长大是表达、表述，可能还有少数表现的成分。（笑）现在对我来说就是安静，就是有一条小道去散步的感觉。有点像弗罗斯特那首诗歌《一条未选择的路》，这条小道是你经历了很多的路，才找到的小道，是你长久选择之后得到的一个安静的去处，但并不是一成不变的，每天都会发现新的事物。虽然现在我这么说还有点早，因为我才 40 多岁，但是我已经感觉到那种安静。

『会困在这个事情里面的人，一半是勇气，正面的、积极的勇气；另外一半，应该是他疯了。』

002

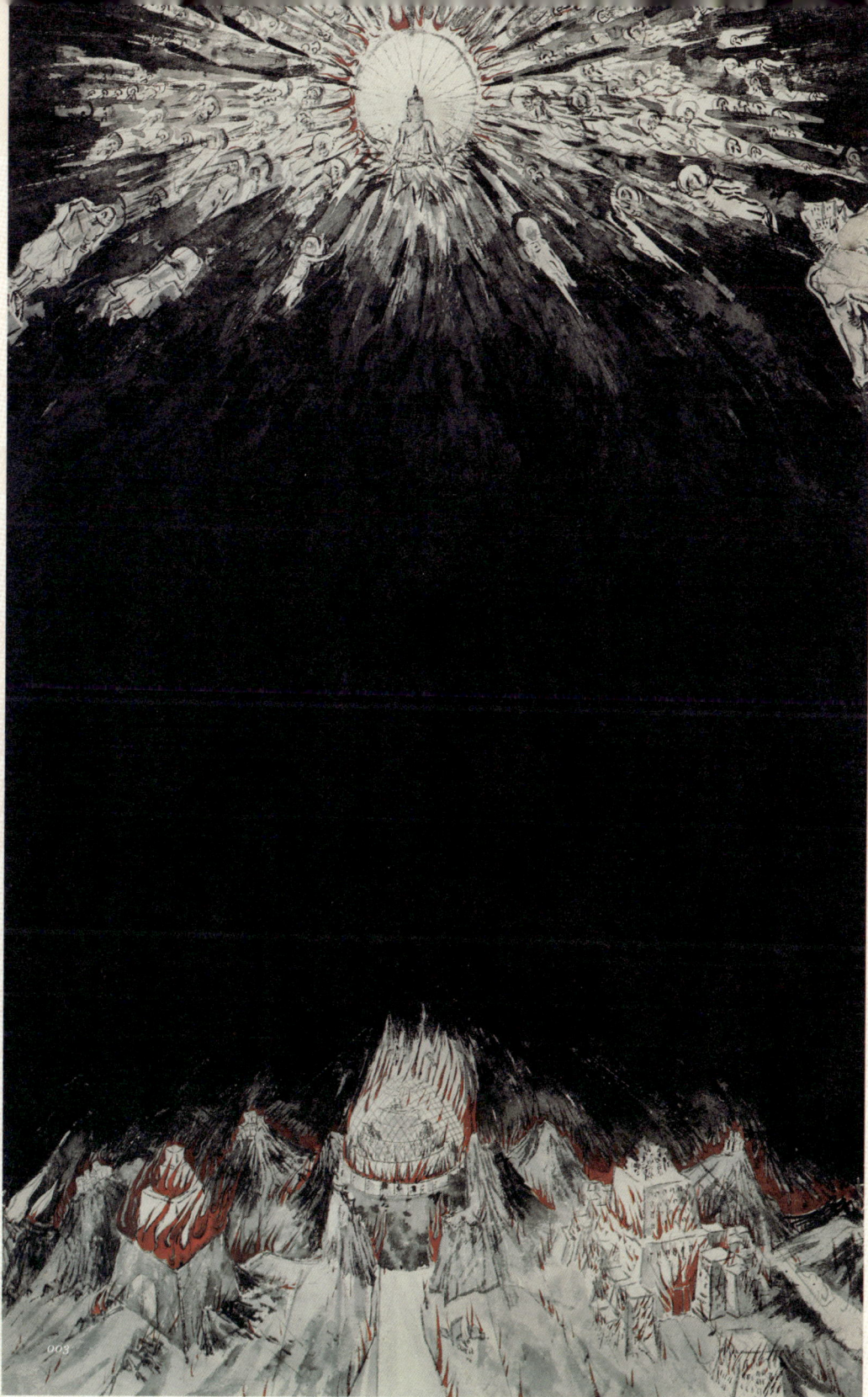

003

认定画小人儿的机机先生

在耳边讲故事

画画时得有人

三蔸子 Gary Zhang｜interview & text

机机先生 Jiji Sir｜interviewee & illustration & photo

小さな菊燈

Seven Years Cafe

Drawing While Someone Telling Stories in His Ear
Jiji Sir, Who Holds to Creating Small Characters

002

- 机机先生，独立创作人，有机表情作者。
- 画画时会出现比较孤独、有点神经质的状态。
- 他曾想做"中国第一情色插画师"。但不是单纯的色，而是一种带有恶趣味的情色。
- 在神奇的社交品牌陌陌作为美术指导工作了一年多之后，机机先生选择离开，成立了自己的品牌工作室，专注地开始了人生之中的"小人儿"绘画之旅。
- 说实话，看着一身商务着装、规整打扮的机机先生，怎么也无法想象他画出了那么多"贱兮兮"好玩的表情。
- 但是，他的小人儿表情创作接连同麦当劳、nice、微信等品牌合作，提及此事，他都谨慎地露出微然的笑容，然后淡定收回，甩出一句："混口饭吃。"
- 虽然他还说过，画画，尤其是过程，特别无聊，根本没有大家想的那么有意思。机机先生画画的时候，必须要听一个人在说话，他可以在讲一个故事或者是说一个事件。

001　机机先生

002　机机先生 justlove 系列形象设计

004

JUSTLOVE
Minions & Minions
Mar. 14 2014 / Mr.Ji

JUSTLOVE
Lex Luthor & Superman
Sep 27 2012 / Mr.Ji

JUSTLOVE
Plants & Zombies
Sep 29 2012 / Mr.Ji

JUSTLOVE
Loki & Thor
Oct 14 2012 / Mr.Ji

002

003

未读： 你是从什么时候开始画画的？后来一直学习的美术专业？

机机先生： 大概是从高中时候开始的吧。刚开始考学的时候还真不是这个，以前我觉得自己有文字方面的才华，想考中文来着。但是……哎呀，后来老师都跟我提建议了，说我没戏。老师说学中文干啥啊，以后怎么找工作呀，说得我都没信心了。那时候我在哈尔滨，想了一圈，想考哈师大，但家里没人做美术这个的，不知道该是什么个流程啊、方式方法啊……反正最后算是走上这条"黑道"了。

未读： 那你之前画画什么风格？

机机先生： 嗯……反正是比较细腻的那种，有点治愈的那种。就多年之前青春杂志那种，挺细的。

未读： 如果给你一个很长的时间段，让你画你最爱的、最想画的东西，你会画什么？

机机先生： 让我想想啊……我肯定还是画小人儿，但我会放开了画，画得满墙都是！我愿意画各式各样的小人儿，太爱画这个了！

未读： 你有没有尝试过很长一段时间不画画？

机机先生： 没有特意尝试过，就是自然而然的，觉得一天不画画就有点不务正业，即便不画画，脑子里出现的也是各种小人儿的形象啊、表情啊什么的，顺带想文案，想怎么攒成一个系列。之前在陌陌工作了一年多，在陌陌之前是在广告公司做美术指导，都是一整套的策划需要做，其实也是一个习惯了。

未读： 你觉得你自己是个疯狂的人吗？

机机先生： 还真不是，性格特老实，比较安静，我觉得自己是个求稳的人。

未读： 本质上讲，你喜欢和人打交道吗？

机机先生： 愿意。天秤座忍受不了孤独，但是创作人的圈子真的很小，大多数都比较宅。我还好吧，遇到和自己气味相投的就爱往一块儿凑。

未读： 除去画画，你有没有对什么事情非常持久地热爱？

机机先生： 基本不对任何事痴迷，所以我觉得我这人超无聊的。平时画画的时候吧，我都听一些讲座、评书，还有相声之类的，我得听一个人在旁边给我讲故事。偶尔听音乐，但是听一阵子就烦，精神集中不了，还是得听人说话，喜欢各种典故啊、神怪啊、历史啊，还有许多无聊的事。我最近在听马未都、陈丹青、袁腾飞和高晓松的节目，有意思。

未读： 回想这么多年，有没有什么事情你感觉挺遗憾的？

机机先生： 哈哈哈，那就是感情上的事有遗憾，不过要是创作这方面的话，我想可能挺遗憾的一个事儿就是没能把我画的这些小人儿啊、表情啊什么的，比较系统地梳理出来，让他们之间产生化学作用，做本骚贱的书什么的。但以后，我肯定要把这个遗憾给弥补掉。之前都是在积累，觉得好像差不多到时候了，不行，你说到这个，我还真得抓紧弄一本出来！

一颗想考中文的心，走了学美术的道儿

未读：问个俗的问题，你为何热爱画画？它给你带来了什么？

机机先生：其实惭愧，我也没有多热爱，到现在我也不知道我到底算哪个行业的，不好也不想给自己定义，仔细想好像自己真的没抉择过什么，好像一直都是被无形的手推着走，之所以还在画画，可能是个特俗的原因：它给我带来饭！

一个无聊的天秤座，画画时偏爱听故事

001　机机先生有机表情 nice 系列

没点怪癖怎么行！

方老板的病例簿

是比牛人想得早，却比牛人做得晚

范钦儦 FAN Qinru｜interviewee & text
方佳嗣 FANG Jiale｜interviewee & illustration & photo

Predict before the Talents, While Execute after All of Them

The Medical Notes of Boss Fang

001

方老板

症状一：我很转

方佳翮，他妈给他取这个名字的时候，知道董必武有个儿子叫董良翮，"翮"取"飞得高远"之意，方又是"有方向"，觉得好。后来一位能掐会算的朋友说，翮的左边"鬲"是一种煮菜的容器，把鸟煮了毕竟不好，且"佳"有两个土，又克他木命，说明这次取名有些失败。但他不在乎："我查了，全世界只有我叫这个名字，为什么要改？"

　　他是如何得到全世界人类的名字清单进行一一比对的，并不得而知。但，他认为这是独一无二的。

　　朋友们叫他方老板，因为他是学校里最早赚钱的人。虽然一直画画，但做过的行业多得数不过来。

001 唐高宗

- 大一在网站打工做美编,他这样形容老板:"如果那时候老板听我的,现在肯定比马云有钱。"实话!那时候网络最火的是 BBS,他曾想说服老板做一个可以买卖产品的虚拟社区。
- 2002 年开广告公司,是朋友转手送给他的,他觉得公司开发税点比个人低,方便接活儿,就当上了老板,时值大三。三年后被骗得"倾家荡产",从此以自由职业还债。
- 他说,他大概是中国第一拨做智能家居的人。2005 年帮中国通做了一个智能体验中心,充当 UI 设计师。他说:"那时候哪有 UI 设计的说法?但我基本上做的就是这些活儿。"
- 2008 年,他在上海世博局做动画电影,一个从没来过中国的老外写了一个中国古代神话的剧本,他担任场景设计。在猪队友的衬托下,最后他又成了这个英文剧本的翻译。但我与他相识几年,还未感觉到他有除普通话以外的任何语言技能。
- 那一年,中国上映《功夫熊猫》,他看了两遍,面对一拨拨比中国人还了解中国神话的老外,他感叹道:"我靠。"

据方老板回忆,他人生 35 年中,大概有无数次可以成为知名人物或登上富豪榜的机会,皆因合作伙伴没有听他的意见,不能把"我很牛"公然写在脸上。但方老板谈到这一切时,并不为自己可惜,只是说,不然那小子早发了!不然他早出名了!然而这些人里并不包括他自己。

他说,自己总是比那些牛人想得早,做得晚。也许都是真的,比如他一直计划着做一个中国神话体系的大部头,听起来绝不比《指环王》差,但这事儿说了快两年,作为他的经纪人,我们约好动笔的次数大概已超过 200 次,远远超过已成型的画作数量。

症状二:我不困

虽然"方佳翻"这个名字在他妈妈心里有些不完满,但他给自己取了个较为满意的:熬夜望月,并在所有社交网站里对这个名字从一而终。

说到熬夜,他是专家。7 点半起床是比较合适的状态,不管前一晚是 10 点就寝还是熬夜到两点。一年中能一次睡 8 个小时的次数不超过 10 次。如果 12 点才起床,那应该是早上 7 点才睡。总之,睡眠时间基本上维持在 5 个小时以内,经常处于一种倒时差的状态里。因此,喝咖啡成了他的习惯。

"熬夜望月"这个名字来源于猪八戒,这是他形成目前自己的醒目中式线描画风的开端。猪八戒晚上一直思念嫦娥,月亮下山了才睡,隔天早上总是被大师兄踹醒,所以他画的猪八戒都带着大大的黑眼圈。

猪八戒的脸是照着自己画的,这个形象产生于 2008 年,此后它充斥在方老板几乎所有的独立创作中。他喜欢猪八戒的悲情色彩。几次《西游记》动画策划失败后,最后一次他给作品取名叫《最后世界的狂想》,满是最后一击的悲壮。

方老板经常熬夜的另一原因，是他经常修改自己的画稿，改到停不下来。提笔前，他会对自己所画的事物有一个大概的想法，但更多的思考其实是在下笔的过程中一起完成的，因此会经常"画错"，就要重新来过。他认为，最好的画儿，不是当下有灵感就马上画就的，最好在脑袋里有一个模糊的记忆即可。下笔前，让模糊的记忆在脑子里过一圈，它会携带许许多多平日积累的审美和琐碎的想象；再下笔时，会有平方甚至立方式的发挥。

他说："没有什么记录灵感的工具，脑子是唯一的工具。"

症状三：我是处女座

在不画错的前提下，方老板画成一幅画的时间大概在两天。常会因为凡人看不出来的所谓"错误"而成为废稿。这些"错误"又往往出现在马车的装饰上、袖子的花纹上、人物的头发丝里，因此他几乎从不能按时交稿。这与他处女座的精神洁癖有着巨大关联。

他形容自己的绘画风格是：唐卡、浮世绘、印巴地区的造像、泰国佛像、埃舍尔设计、中国式留白的混合。多数时候还会加上一些数学的东西。

抽象的数学使方老板兴奋，他说，不论多么具体、精确的数学模型，都在诉说一件抽象的事情，古巴比伦人因为 60 是能被 1～6 都整除的最小整数，而制定时间的 60 进制，这种常人多无法领略的严丝合缝让他线条规矩的精神束缚得到解放。

他的画受欢迎度最高的是不上色的黑白线描，也不是他有多喜欢，窦唯这么说："画线描纯粹是为了炫技，你能画得比别人细，不觉得特别棒吗？"他认同，所以头发丝不能画错，感觉不对得就重来。

方老板说，处女座的洁癖表现在生活品质上，生活是一生的事儿，所以必须要有要求：

- 他只抽自己卷的烟。
- 大量使用礼貌用语，尽管有时候显得极生分。
- 对笨人不留情面。
- 只认少数几个餐厅。
- 画稿夹不能有污损，任何人经手，拿回来时都要不自觉地再仔细收拢一遍才放回去。
- 坚持前人做过的事情没必要再去做。
- 一定要跟所有人都想得不一样。
- 处女座对生活品质的要求往往不太让人真正艳羡，而会觉得他们对全人类都有种隐隐的刻薄。但方老板不要求自己按时交稿，不允许别人质疑他的审美。

001

症状四：我用硬科技

方老板对科幻也略为着迷，他认为，科幻就是现代的神话。

自唐朝后，古代神话已经画上了句号，试图找到历史与古代神话的重合点是方老板正在努力的事情，换句话说：用历史来证明神话的真实存在。而进展到当下，他寻求更多的则是科学与神话之间的相互启迪。"盘古开天地的说法跟霍金宇宙大爆炸有什么区别？我觉得没什么区别，不过是多了把斧子当道具。"在他脑子里，类似这样的推断有很多。

他甚至觉得，自己的神话研究其实是一种超前的科学理论，企图告诉科学家们，他们正在计算的物质突破，最终只是为了证明神话传说的真实存在。神话即历史，我们都是神话中的一部分。

其实刚开始，这种逻辑思维只是出于一些有趣的联想。郭德纲讲歪批三国，说关羽的老恩师是孙悟空，孙武兵法少了个"空"字，关羽是汉寿亭侯（猴），都是猴啊。别人听一乐，方老板却着了迷，如果关羽真的是那个放牛给孙悟空送桃子的小孩，跟孙悟空学了点儿本事是有可能的，那么《三国演义》跟《西游记》就能打通了呀！《三言二拍》里司马貌夜断阴曹，把每个人都转世投胎重新因果，项羽变成了关羽。读得越多，他发现古人写书多半都是互相借鉴，多有雷同，但如果真的能找到这些切合点，把历史和神话彻底串联起来，就太有意思了。而后，这些联想就不只是一种趣味的尝试，他笃定在口口相传的神话故事里，才有世界发展的真相。

如果神话就是历史，那孙悟空的七十二变怎么解释呢？方老板跷着二郎腿，点上一根卷烟，眯着眼睛说："七十二变是七十二种不同的形态，是水，是火，是风。宇宙在加速膨胀，有种说法是宇宙撕裂，就是原子打散，原子之间的引力不足以维持现在的状态了。当我们都变成原子状态被打散时，你能说你死了吗？你没有，你转化了。"

我张张嘴想反驳，但也不知道该说些什么，方老板满脸写着：你参不透的。

他家里是吃素的，但他的拿手菜是鸡翅。每天都会做的事情是念经，但他并不信佛。因为觉得人们缺少精神放松的空间，所以梦想是用最纯粹的艺术方式，在全世界盖 63 座庙宇，每一座庙做成一个汉字的形状，组成《逍遥游》的第一段，以后大家上太空的时候就会看见地球上有一个《逍遥游》。盖完就捐给当地，不要钱，只要免费向所有人开放，并且保持干净。

我总是打趣他："你讲的事儿怎么都像瞎编的呢？"他回答我："我不会打卦，没那本事。"他说自己是个不切实际的自由职业者。的确，还病得颇深。但或许，对于神话这玩意儿，没病的人，搞不赢。

002

001

001　廉邻
002　临时鬼

001

未读：什么机缘开始想做中国神话的东西？

方老板：酷啊。说龙生九子，九子不是龙，龙是它们进化的究极形态，在之前它们可能是碧玺，是鸱吻，是饕餮，是狻猊，是囚牛，你不觉得很酷吗？比后来二郎显圣真君之类的名字酷多了。我那时候研究这个，于是就触碰到《山海经》了，绕不开，然后你就发现神话整体是一个让人觉得匪夷所思的神奇世界，很有意思。

未读：最喜欢的神话作品是什么？

方老板：最早还真不是看《山海经》，是《镜花缘》。原来中央电视台拍过用国画画的《镜花缘》动画片，那个拍得很好看。里边讲到君子国啊，无肠国啊，贯胸国啊，我就觉着太牛了。后来才知道《镜花缘》所有东西是以《山海经》为蓝本的。《山海经》是真真正正中国神话的版图，而且它是个说明文。简单来说，《山海经》是字典，我已经告诉你每个东西是什么，你就从这个地方拿元素就行了。

未读：你觉得你自己整合的这个神话体系厉害在哪儿？

方老板：有三个吧。

第一个是对宇宙版图的新解。我一直觉着我在做的不是神话，我要提出一种科学理论，告诉现在这帮科学家，你们现在研究的，都是在证实神话是真的。

第二点就是对历史的传承。

你会发现历史的发生跟神话的伴随是严丝合缝的，特别有意思，当你把这些东西混合在一块儿的时候，它可能才是历史的全部。

第三点是文学和艺术的传承。中华民族不论被什么强大的种族打进来，我们的办法就是同化。我跟你通婚，融合你的文化，冲断你的血统。真正的文学艺术，比如说诗词，我们现在会去卡拉OK唱流行歌曲，诗词以前都是流行歌曲，柳永写的都是神曲。为什么现在不唱了？改唱周杰伦了？那些好东西都需要传承下去。

未读：创作灵感来源自哪里？

方老板：《山海经》给我提供了原型，就是基本什么都没有的空白，我再给它加东西，像中医的东西，像星象的东西，那就是个杂学了，不一定是什么。

未读：平常看神话类的书比较多吗？

方老板：看果壳和知乎多一些，关注的关键词都是天体物理、生物这些东西。我现在其实很少看神话的，已经过了读故事的那个阶段，而是补充相关知识的阶段了。我一直觉得不应该用神话去解神话，神话本身就是碎片式的，如果你用神话去解神话，前人已经干过N遍的事了，你再干一遍，没有意义，也没有人读，怎么传承呢？所以就换一个办法，用硬科技去解神话。

未读：你不是佛教徒，为什么要念佛经？

方老板：念经静心都是俗人的说法，念经就是念经，让我变聪明了。我最近在背《金刚经》，真是有点儿难背，有很多很像的句子。佛经可能在揭示宇宙的道理，这就是念经最重要的地方。

未读：**什么时候形成了现在的风格？**

方老板：那应该是自己画《山海经》的五大元素神的时候。2008年底，我当时做完动画片的设定回北京带画班，时间比较充裕，经常瞎想。脑子里忽然产生了一个三个头的神，纯粹自己瞎编的，我管他叫"赏善罚恶"，等于说一边是佛，一边是魔，然后我就画了第一张，纯颜色的，用水粉和金漆什么画。然后第二张叫"众生"，长了三条腿一个翅膀的奇怪的一个神。人家问我为什么，众生都是有缺陷的嘛，有缺陷的才是众生。类似的瞎画到了第四个，第四张画到现在都没画完。

未读：**你觉得你的风格会变吗？**

方老板：这个我也不知道，有一个地方我觉是不会变的，它一定是东方的。

未读：**你画的孙悟空为什么没有眼仁儿？**

方老板：我画的猴子脸是跟京剧结合的，没有眼睛，白色的两个洞。大家对火眼金睛有一个误解，火眼金睛不是说他眼睛有多好，是眼睛被烟熏坏了，是白内障的一种，等于说孙悟空已经瞎了。最开始的确是受今何在《悟空传》的影响，我记得特别清楚，里边说："我要这天，再遮不住我眼。"我觉得就是因为瞎了，所以什么都看不见了。

未读：**休息的时候会做些什么呢？**

方老板：很少有娱乐时间。我每年会出去玩十天半个月的。这对我来说是一种发泄。你想想所有人旅行的时候都不是你自己。你去天桥上会大声喊吗？你在山谷里就有可能，在大海边就有可能，哪怕旁边有小伙伴，你喊一喊，大家也不会觉得你傻。旅行的时候你可以住青旅，哪怕脏点破点，你可以坐硬座；你在城里会允许自己的住所那么脏吗？绝对不会。旅行的时候你能跟火车上认识的人吹牛或者说真话，因为你们谁也不认识谁啊，这辈子也见不着。

未读：**最好的娱乐方式是什么？**

方老板：跟聪明人聊天。

未读：**聪明的标准是什么？**

方老板：只要有一个领域是我不太熟知的，这就是好的。

未读：**目前有什么生活压力吗？**

方老板：工作、收入喽，但这些都不是真正的事儿——真正的是你可能永远都做不成你想做的事儿，刚才说得那么天花乱坠，它有可能只是你一篇两三千字的文章，仅此而已。

002

001

002

003

范钦儒 FAN Qinru｜interview & text
李星宇 LI Xingyu｜interviewee
张钊 ZHANG Zhao｜photo

鲸鱼浮出水面的第十五次呼吸

李星宇：挨过荒凉和隐没，总有豁然开朗

叫醒纯靠"危机感"

"下次咱们谈事约公园吧，遛个弯儿，多好。"
李星宇推着折叠自行车，带我从使馆区遛了一圈。他说，那是北京最漂亮的街道之一。他约人谈事的理想选址基本如下：公园散步、健身房洒汗、景山爬山。
够奇葩。

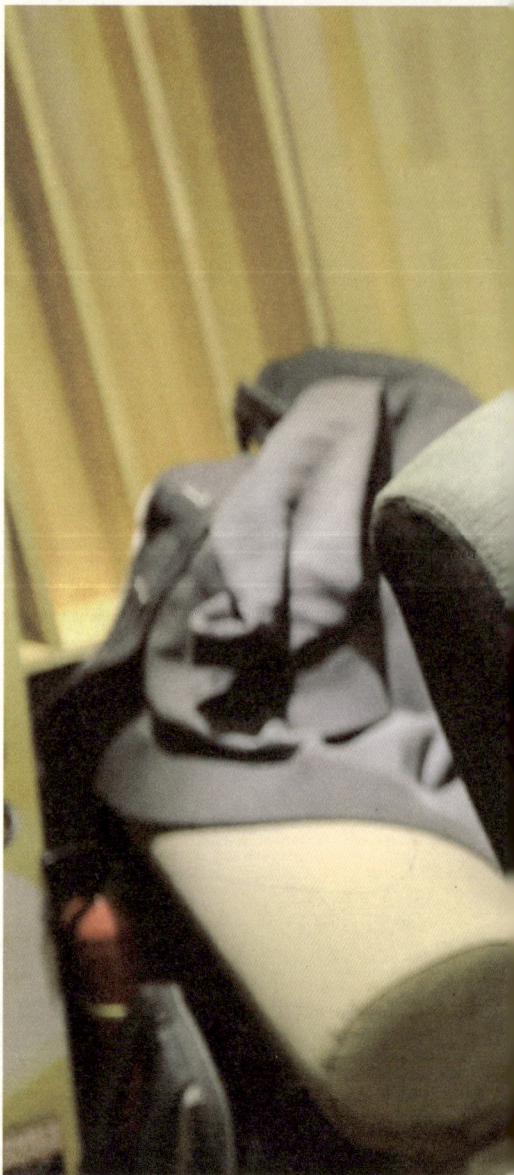

The 15th Breath of a Whale Surfacing the Sea

LI Xingyu : After Desolation and Retreat, Comes the Sudden Enlightening

这个星期因为工作太忙，每周一次的乐队排练被耽搁了。他刚从南京回来，去帮著名音乐人李志的 Livehouse 做声音部分的准备工作。

全北京的录音室随便抓一把，一定有李星宇参与设计的作品在其中，录音工程专业毕业，学到了一手万金油。

他有许多关于"声音"的身份：北京现代音乐学院外聘教师、音乐制作人、录音工程师、声学空间设计师、音频应用网站建筑声学版版主……但他更喜欢的，是"独立音乐人"的名头，"没钱也得干，不然还能怎么办？"

跟李星宇一样，国内独立音乐人的现状看似在 Livehouse 演出的热潮中有所改善，但对于原创者们来说，这种单纯用演出收入维持生计，迫不得已被商演、巡演挤掉创作时间，且版权问题缠身的日子，绝不是良性的运转环境。但你别想在他脸上看到想当然的"悲壮"，Rocker没什么可皱眉的，尽管他也是个掩藏很好的双鱼座暖男。在同龄人跟电脑游戏缠绵长夜时，他已经开始培养一个自由职业者的生存根本：自律。"自由职业这个东西并不是什么人都适合，你必须得对自己要求特别严格。我危机感特别重，每天早上起来我就想：啊，还有好多事没干，不干我就觉得生命完全浪费了。"

柔软汉子的隐匿反叛

2015年，他以"鲸鱼马戏团"的名字发行了第二张个人专辑，封面上有九组数字，仔细琢磨，是九组经纬度。专辑共19首作品，其中9首来自他在各地采集到的自然音素材。这种并非简单罗列歌曲的专辑整体性，正在慢慢被年轻的音乐人遗忘，但属于30岁的李星宇青少年经历中不可磨灭的时代美感。他所经历的音乐成长，不在MP3的歌曲列表里，而是伴着节衣缩食的泡面午餐换来的诸多打口碟，和在中关村的唱片行里一泡一整天的记忆中。

今年华语传媒音乐大奖设计奖，连提名都没有给他，他有些不服气。朋友说："谁叫你都不寄唱片给评委和媒体走面儿的？"也不是不能送，但参加虾米音乐网"寻光计划"的所有钱都拿去做了实体唱片，同期的13组音乐人，只有他脱离统一安排，要求自己来完成实体唱片的制作，也只有他的唱片没有被广泛送到媒体手上。不为别的，只信得过自己的用心。包装用手工纸，特种印刷，还跑去欧洲做黑胶，做完后再背着一大堆热乎的唱片跑回国内来卖。实话说，这样用心用力做出来的东西，送给那些不一定会认真听自己作品的人，心疼。

曾经有位央视的记者，没听过他乐队"嘿！！！"的作品就来采访，被这个北京爷们儿狠狠地"镲"了一回。他"蒙"人家，说他是个富二代，就想玩乐队，一个人不叫乐队，就花钱雇了俩朋友来唱双簧。三人站在台上演出，其实那俩都在对口型。记者将信将疑，报道自然不了了之。对待不专业和不尊重，他始终是这样叛逆的态度，但面对那些在微博、微信上认真留下听后感的真心人，双鱼座的温柔细腻就全被勾了出来。

"鲸鱼马戏团"是治愈系，江湖人称"睡眠神器"。也正因此，失眠的、失恋的、抑郁的、绝望的，全都找上来，抢着讲自己受到鼓舞的鸡汤故事，Rocker照单全收。"我的音乐不是为他们而做，只是表达自己，但他们能从中找到他们的意义，这个特别好。"所以，情侣间的小情愫可以帮忙转达，妈妈鼓励儿子的话语，他要亲自送到学校去。

李星宇从不熬夜，这倒是跟常人想象的艺术创作者黑白颠倒的时差生活完全不同，但合作伙伴总能在后半夜收到他交上来的"作业"。"邮件设置成后半夜定时发送，他们上午就不会打电话找我了，这也是告诉他们，哥们儿做这个挺费劲的，你们别总没完没了地改。"现在，他把一些纯商业的活儿价格抬得很高，想多给自己的创作留点儿时间。

恐难再听到下一张"鲸鱼马戏团"

2009年，他跟说唱歌手小老虎和独立动画制作人雷磊以跨界乐队"嘿！！！"的名义出了一张专辑，他说，那就是他们在家没事穿着秋裤蹦来蹦去、弹琴唱歌的生活片段，做得很飞，"我们当时觉得最牛了，出了专辑之后想想还是应该去创作"。

"特别飞"能形容很多他干过的事。去亚马孙热带雨林录各种动物的声音，请来舞蹈演员拍MV，都没提前听过音乐，直接即兴表演，找了个画画的去做MV剪辑，没碰过的乐器也可以边练边学，直接上手。跟他一起创作，就是划定一个圈，把你往里一扔，玩去吧。这大概就是"鲸鱼马戏团"中"马戏团"的来源，搭一个棚子，什么好玩的都可以扔进来，风格不限，别人在里边看着，就是马戏团呀！

在热闹非凡之下，是他一直坚持的抛弃工业化"那套规则"的玩法。"有些国家的音乐教育是很自由开放的，有点儿像中国古代的那种，没有那么多条条框框，这个不能弹，那个和声不对的。没有这样，就很自由，所以他们的音乐出来都特别有意思，也没什么规律，他可能弹两遍，两遍都不一样，但就是好听。"坚持自我这种话，说起来提气，但往往被人们崇高化了。这理应是一个创作者应有的创作原则：艺术品的核心价值，在于艺术家自身特质所传达出来的东西，如果去迎合观众，就本末倒置了。依照这样的逻辑，如果当初他考上的是中央音乐学院作曲系，大概我们就难再听到今天这样的"鲸鱼马戏团"了。

李星宇的左臂上有个鲸鱼文身，那是世界上最大又最神秘的一种生物，听觉敏锐，平均每天浮出海面呼吸15次左右，只向世人展露那么一瞬，随即沉入海底，窥一隅而不见其庞然。就像拿到手中一张薄薄的专辑，除了播放文件几十MB大小的存储空间，还有你看不见的一个音乐少年的成长。

明早，叫他起床的依旧是自心而来的危机感。古人做造物之美，都是在凡俗诸事中寻以咏志。鲸鱼浮出水面的第15次呼吸，挨过荒凉和隐没，总有豁然开朗的一跃，值得万众期待。

一个因为害怕时间被无谓浪费而起床奋斗的人，不是奇才，就是奇葩。

李星宇或许两者兼而有之，他让我觉得，凑合活着，是种奢侈。

未读：为什么会选择录音工程这个专业？

李星宇：当时想学音乐，但又考不上音乐学院，它要求专业课比较复杂，琴弹得好不好，乐理好不好，这些都是童子功。后来我哥们儿给我推荐，说传媒大学录音专业不错。我当时一看，因为我物理挺好，这又是理工加艺术类，觉得还挺适合我的，就考一个试试吧，结果就还真考上了。当时觉得没考上就出国呗，学个什么物理啊、读个什么商科之类的。

未读：现在做的多数工作都是基于本科专业的学习吗？

李星宇：对。其实我们学校最好的是理工基础课非常扎实，而这些都是做制作人的基础。制作人对于整个专辑制作流程的每一个环节了如指掌，每一个环节的技能都很扎实，整个就是培养了一条龙的那种万金油。所以我现在就是词曲编录混，全都自己，也是因为穷嘛。

未读：什么时候打算做自己的专辑的？

李星宇：就前几年吧，大概 2013 年、2014 年的时候。

未读：是什么样的缘起？

李星宇：其实我第二张专辑里的歌有的 2010 年就开始写了，回头一看，觉得真是做了好多东西，就说那发出来吧，作为一个音乐人得有一张自己的唱片，见了面送一送啊，也是一个名片。当时就是这么想的，没想到发到虾米上一下就火了，真的没想到。因为之前包括乐队的作品也发过豆瓣什么的，关注度没那么高，我也一度没有那么大的自信，

说我的作品会有很多人喜欢，没有那么多预期，就是做张名片送送人那种，没想到卖光了，就是无心插柳。

未读：从什么时候开始玩自然声音素材的？

李星宇：五年前吧。

未读：什么契机开始注意这些生活中的声音素材？

李星宇：真忘了，可能是创作状态自然衍生出来的。你在不断思考的时候，自然会衍生出很多新的想法，没有什么特别的契机，也没有为了什么而做。最开始想的只是搜集一些素材吧，也不知道干吗用，也是一种记录嘛，别人可能拍照什么的，我就是录点儿东西。

未读：有什么特别讨厌的声音吗？

李星宇：刮黑板的声音受不了。不过好多人可以一边写作业一边听歌，我就完全不行，会被音乐带跑了。基本上什么事都不能一心二用。而且我觉得做音乐挺惨的，因为做视频的或者写东西的，你可以一边听歌或者看视频，一边干活儿，但做音乐不行，你就只能听着你的歌，然后盯着你的屏幕，比较一心一意。而且睡觉的时候什么也不听，让耳朵休息一下。

未读：对目前的生活状态满意吗？

李星宇：还挺满意的，能做自己想做的事就挺满意。

未读：还有什么担心的事吗？

李星宇：做音乐的钱。中国的情况确实是很奇怪的，没办法靠你的音乐作品挣钱。国外像李志这样的音

001

《鲸鱼马戏团 Vol.2 Whisper》是一
部流动的电影。李星宇用 9 个原汁
原味的声音片段，10 首演奏与演唱
混搭的纯音乐及歌曲，串起他在各
个地方各个场景记录下的故事：房
间、阁楼、薰衣草田、周末市集、湖边、
桥湾营地、水稻田、宅院中庭、火
车厢、海边、瀑布前、沙滩、雨林、
茅草屋、森林……
43.8288, 5.1618, 44.5271,
－110.4157，-8.523,115.2538、
－6.9233，107.6102…… 一 连
串数字是需要破译的密码，暗示
"Whisper"会出现在地球任何角落。

002

001

002

乐人，光版税就足够赚了，但在国内是完全做不到的。

未读：这些年你感觉版权环境有变好的迹象吗？

李星宇：应该有吧，我现在也会收到好多人留言，说想在自己非商业的东西上用我的音乐，我说可以。至少他们会主动跟你联系，他们会觉得这么用你的音乐是一个需要经过同意的事情。

未读：现在接活儿会挑剔吗？

李星宇：就是把垃圾活儿的价格抬得特别高，你要是非死乞白赖找我做不可，那我就赚了呗，要是出不起这个钱跟我谈情怀，那就拉倒吧。说后面什么什么一定找你，都是屁话。

未读：爸妈支持你做音乐吗？

李星宇：也不是不支持，但他们肯定希望我找一个稳定的工作。我妈是老师，文艺青年，我外公那边都是文艺青年，我妈小时候就弹吉他唱歌。他们一度不知道我在干吗，直到我发了专辑之后，才知道原来我还做这个。

未读：大学为什么不跟大家一块儿住在宿舍里？

李星宇：我大一在学校住，但寝室的人就老瞎聊，一瞎聊就聊到第二天早上，课也不去上了，只要一个人不起，所有人都不起。觉得那状态特别废，时间太浪费了，也什么都干不了，我特别不喜欢。大一之后就搬出去了。

未读：上学那会儿也常看演出吗？

李星宇：我们那时候看迷笛真是长途跋涉的。迷笛那时候在香山，在迷笛学校那边，公交要坐两小时，坐到山底下，看特别破的舞台，乱七八糟的什么人都有，在那儿扎着帐篷玩。那会儿去迷笛挺异类的，一般正常孩子不去那儿。

未读：现在常用的交通方式是？

李星宇：天气好的时候骑骑车、走路。基本就坐地铁、坐公交。现在是能推的事都推了，原来一天恨不得干四五件事，因为有车嘛，到处跑。现在一天就干一两件事，然后回家踏踏实实自己做点儿东西，老年生活，逛逛公园。

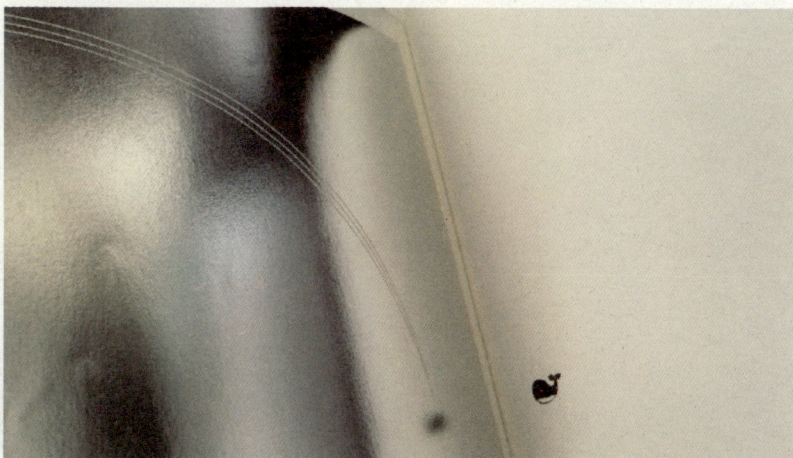

003

在周易的『游击店』里做根手指头

Making a Model of One Finger in ZHOU Yi's Body Memory Clinic

001

002

"我是周易，但不会算命。"

Aika | *interview & text*
周易 ZHOU YI | *interviewee*
张钊 ZHANG Zhao 周易 ZHOU YI | *photo*

——这是周易在社交网络上的个人签名。生在北京，双子座，毕业于设计名校伦敦中央圣马丁。

回国后，比较幸运地一直在为自己做事，看起来一切都平铺直叙，理所当然，因为有趣的事情要去生活里发掘。

周易的"活儿"确实不少。

之前，参加中国设计挑战赛得奖而投入量产的"胡同橡皮擦"就快上市，当时美国设计品公司 KIKKERLAND DESIGN INC 在北京设计周举办比赛，周易想到把胡同图景印刻到橡皮上——橡皮作为消耗品，随着使用变小，胡同景象也随之消失，这块橡皮被起名叫"消失的风景"。

另一边，是她手头最主要的"Body Memory"项目。最初，它的诞生是因为好玩，利用石膏翻模的方法留住自己身体上的一部分，为自己造一个石膏像，不论过程还是结果，听起来都算是件有趣的事情。当然，作为设计师的周易认为的"有趣"还有别的意思："能在你原来的生活常识里抽取一个元素，把它和一个不相干的东西联系起来，人们看到这项产物会觉得既熟悉又陌生，我觉得这是有趣所在。"

002

001-005 Body Memory 身体记忆作品系列

003

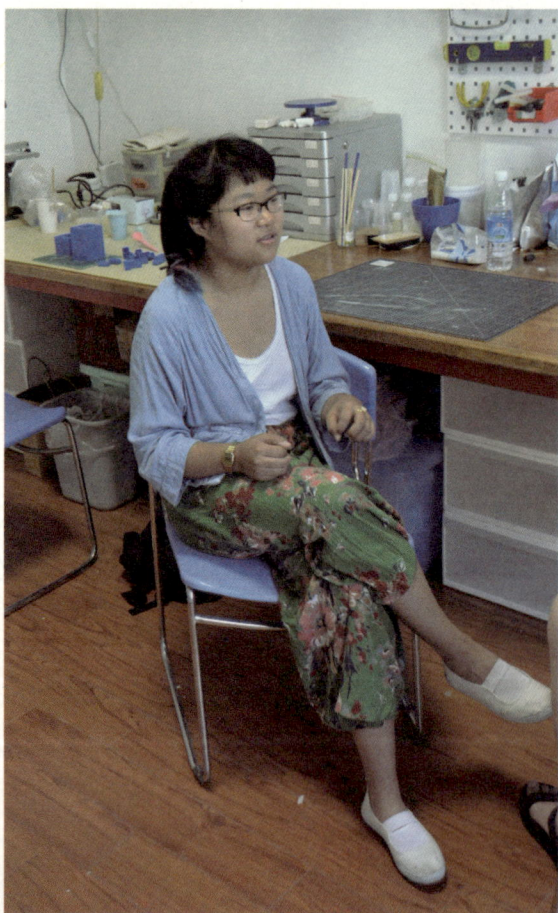

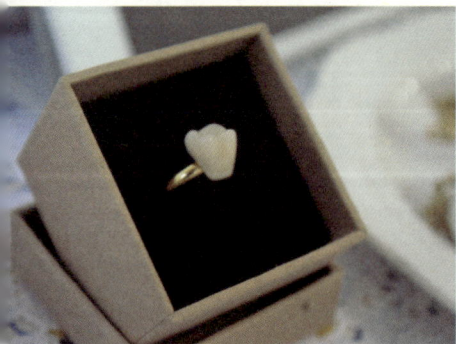

004

005

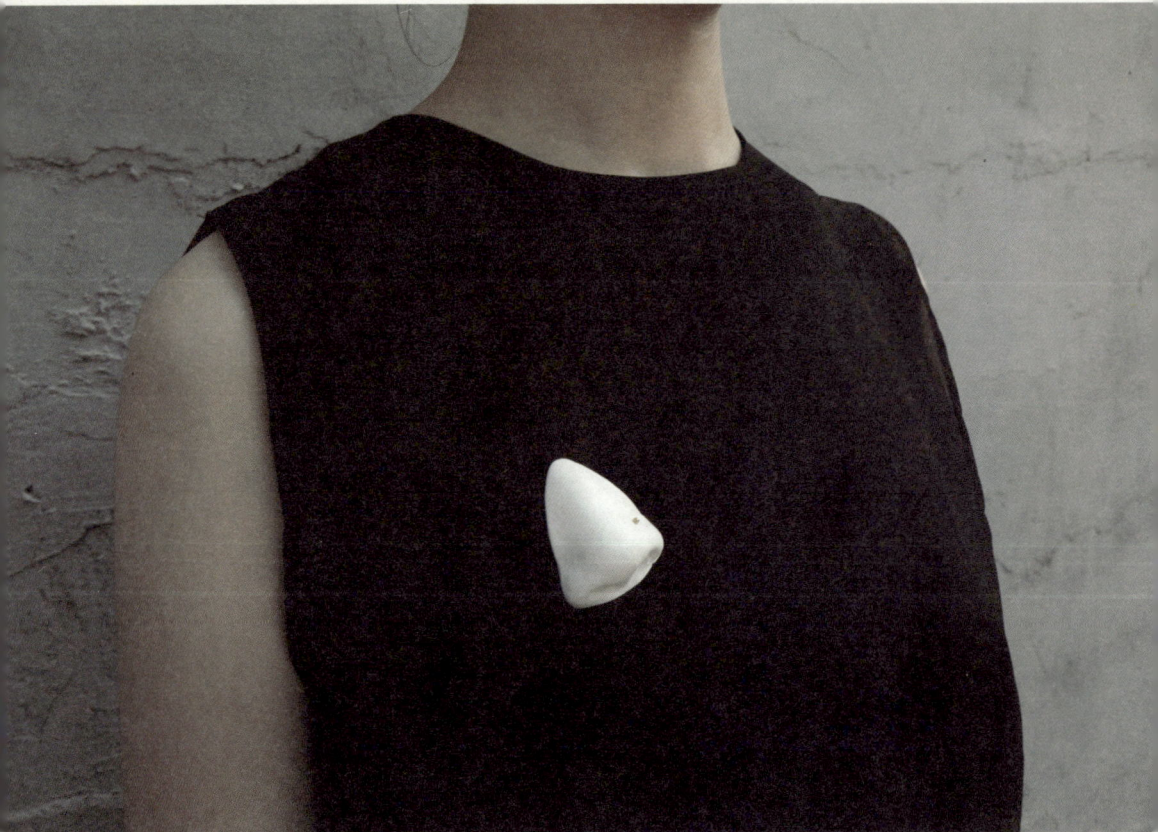

001

这件事开始之后就没有停下来，从最早用自己做实验，到身边的朋友也加入，感兴趣的人越来越多，便开始参加各种展览和文创市集，后来她把"Body Memory"带到了纽约、澳大利亚、台湾、香港等地，开始为更多的陌生人留下身体记忆。

因为同身体有关，她把"Body Memory"炮制成了一个流动诊所，大家也习惯开玩笑地把周易称作周大夫。每次"出诊"，她都会携带一个医疗箱，箱子里是所有要用的工具，工作开始，穿上白大褂、挂上"医师工作证"的周易会先为每一个参与者建立一张"个人病历"再动手。按照"一切人体外在部位都可以被记录"的原则，在"巡诊"中记下各种好玩的身体和故事。

在她的工作室里，摆放着互握的双手、拉钩的手指、牙齿、嘴巴，这些都是"病人"们留存下关于身体的第三方记忆，其中有来自情侣、好友，甚至祖孙二人，它们在经历完最后的加工后，都将归还给主人。现在关于这个项目的想法越来越多，开始只在小范围里流传的"Body Memory"如今已经成为可以在更多人的范围里被接受的设计品：可以自己操作的DIY 套装、由成品制作的首饰等在线上和线下的买手店里都有售卖。本科和硕士都是工业设计科班出身的她，后来却一直顺其自然地在做一个看起来和工业设计没太大关系的项目，这也是她最初没想到的。

　　学生时代喜欢深泽直人和 Jasper Morrison 的周易，觉得好设计应该是因地制宜地发挥价值，对她来说，从生活里获取一个设计的意向已经变成了习惯。在休息日里，周易除了喜欢逛展、逛店，还有一个爱好是逛早市，她觉得那是最接近生活的地方，不光在家附近，每到一个城市都去看看那里的早市。"看看那些地方的人，都吃什么、穿什么、喝什么，这才是他们的生活习惯里最必不可少的部分。人不会天天待在咖啡馆里，但买菜可能是每天都要做的一件事情。"

003

001-003 Body Memory 身体记忆作品系列

未读：毕业之后为自己做过职业规划吗？

周易：没有。其实真的没有太多打算，就是觉得能做点什么就做点什么。后来发现，"Body Memory"这一做就停不下来了，所以就一直在发展和延续。

未读："Body Memory"是在什么动机里想到的？

周易：对我自己来讲，是有切身的感受，就比如你看见谁，感受到身体的某一部分，会大概记下来，可能是人类的共性吧。所以就想不妨把这个部分复制下来，等你再看到它的时候，会有既熟悉又陌生的感觉，这种微妙的感觉很有意思。

未读：被更多人知道以后，大家的反响如何？

周易：我觉得大家对于这个项目都比较接受，无论是中国人，还是其他地方的人。看来这真的是人类的一个共性。大家看到你做出来的手指之后，都会有惊奇的反应，然后再仔细一看，这是我自己的手指，也不是那么吓人，所以接受度我觉得还可以。

未读：休息的时候都会做些什么？

周易：除了去美术馆溜达，也挺喜欢去早市溜达的，因为比较喜欢观察人的生活，感觉从一个人的生活，能看出他的精神状态。如果说什么样的人最能代表这个城市，我觉得可能就是大爷大妈、中年的叔叔阿姨。因为他们才有时间或者是有精力，去稍微放慢脚步，在这个城市做他们自己的事情。上班族的话，

001-003 Body Memory 身体记忆作品系列

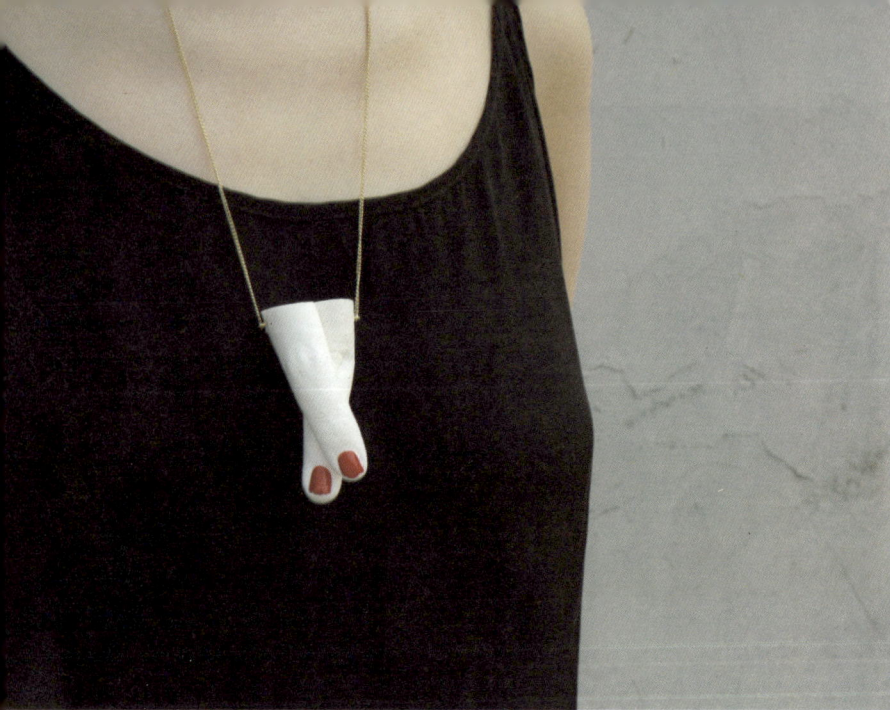

就是上班、下班、回家休息，每个人生活都差不多。

未读：老年人的个人特征很鲜明。

周易：对，比如他们穿衣服选择什么样的搭配，真的是精心设计过的，有他们自己的特点。但是你可能不能欣赏，觉得搞笑，又不能说他们不对，所以对我来说，这些都是特别有意思的点。

未读：去别的城市会关注一下早市吗？

周易：会，那种菜市场，我挺喜欢去的。但有时候的情况，就是别的城市我就找不到这么地道的市场。有的时候会问问当地人这儿有什么菜市场可以看。我喜欢这种有生活气息、比较市井的东西，能给我很大的启发。

未读：最近你带着"Body Memory"去了好多地方，除了早市，你去一个

新的城市会比较关注什么？

周易：到一个城市，最开始当然要把活动准备好。工作结束之后，会去当代艺术的美术馆逛逛，还有一些文创街区。另外就是比较怪、比较有意思的店。大概就是这么一个路线。

未读：你觉得和国内的实验性项目相比有什么不一样？

周易：我觉得咱们还在发展过程中吧，算是刚刚开始起步，你没办法跟那些已经做了100年的产品比。他们有这个根基和历史，所以我觉得现在人只要肯努力、认真做，就没什么问题。现在属于还没有被开垦的时代，你只要有一个想法，坚持做，如果最后这个想法能带你走过20年，那可能时间就证明了这是一个好想法，最后可以一直发展下去。

002

003

004

001-005　Body Memory 身体记忆作品系列

005

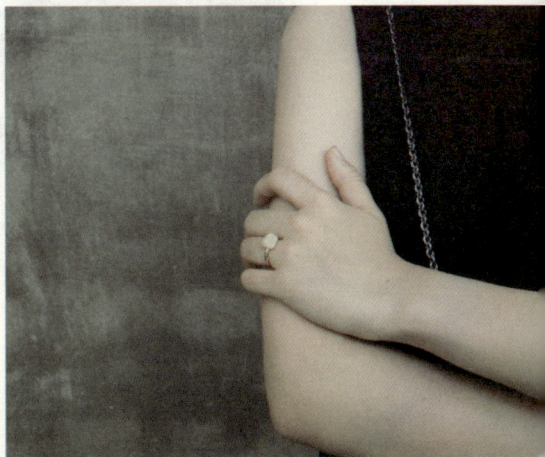

林维稼：超现实一些的风格才过瘾

三胖子 Gary Cheung | interview & text

林维稼 LIN Weijia | interviewee & illustration

001

LIN Weijia:
Surrealistic Style Cannot Be More Enjoyable

瘦瘦的林维稼小朋友走在洒满阳光的小巷里，不紧不慢地给我讲述着考取芝加哥艺术学院的经历。

意外的是，小林同学并没有过多的兴奋。她好像很清晰地知道这只是自己人生中很正常的一件事，合情合理地发生了。超越喜悦或者压抑的平和心态，对于她这个标准的 90 后女孩来讲显得难能可贵。甚至在谈完对某些问题的看法后，她有时会用一句"年纪大了"作为结语，配着略显拘谨的微笑。

小林同学希望自己未来可以做一些和影像化相关的工作，我开玩笑建议她学业有成之后留在美国，去好莱坞发展。她说："那不行，还是咱们国内的机会多。"我又开玩笑说："反正以后去美国就可以找你当导游了，你赶紧把美国的大中城市转个脸熟，以后我这也算是有海外关系了。"

未读：你是什么时候开始画画的？

林维稼：很小的时候就开始了。好像全中国的家长都喜欢送小孩子去学画画。不过我是断断续续的，直到小学四年级的时候，开始画素描了，我才非常喜欢画画。我素描比儿童画画得好。虽然儿童画也得了全国大奖，但是我从小就不是那么喜欢儿童画，或许是因为参加比赛的主题大都不是那么有趣吧。

未读：看来你天生对画画这方面挺有感觉？

林维稼：呃……怎么说呢，用我妈的话讲，我这个人不喜欢的事，威逼利诱我都没有用。但是画画这个事，我从小就超级自觉。我的小学绘画老师现在也喜欢拿我做榜样，告诉她的学生们，她看我画画的时候很感动，因为我可以不吃不喝，不上厕所，安安静静地画三四个小时。这种状态，还有一个就是

我做数学题的时候才会有。我猜想这是因为我一直觉得用最简单的东西构建一个超级复杂而奇妙的世界是最美妙的事情吧。比如，绘画是用单纯的线条，而数学只是用几个数字和符号。

未读：听说你一直是个好学生，那么在求学过程中你一直坚持绘画吗？

林维稼：众所周知，在家长眼里，上了初中后，所有的爱好都要让位给学习。我也不例外，从初一开始学画就断断续续，到初二时就完全中断了。不过我经常偷偷画四格漫画，自己编故事那种，然后传给朋友们看。我发现，越是高压下，画画这件事就越充满乐趣。我妈没少为这件事批评我，不过上大学后，我发现她把这些画都保留下来了。现在看还挺好玩。有的故事，再让我编也编不出来了。

002

未读：假如给你一年时间画一个作品，你会画什么？

林维稼：时间这么充足啊！那我可能会用线描的方式来画一座城市！很繁复很细节，现实与虚幻结合，有点轮回感的那种！我很喜欢博尔赫斯，这次申请学校时，我的其中一个作品就是根据他的小说《废墟》创作的系列装置作品。我一直觉得我们的人生就如同钢筋水泥结构的城市，不停地被制式化，现代人总是说寻找自我，但是什么才是真实的自我呢？想想我就觉得挺心虚的。

未读：相对来讲，你更喜欢画画时依靠灵感多一些还是"计算"多一些？

林维稼：我喜欢灵感。可能是因为还年轻，我总觉得太精准的方式方法，好像是照相机取景器，一切都被固定在一个狭小的空间里。当然了，在没有照相机的年代，绘画确实需要兼具写实功能。不过，最完美的艺术一定是灵感与"计算"合而为一的。就像我喜欢的印象派绘画。但是，这么说吧，太写实的风格，我都不是特别喜欢。因为，我认为世界从来都是多层次的、立体的，我小的时候甚至认为世界就像埃舍尔的画，不同的角度有不同的切面，是由某些神秘的点连接起来的。不过艺术创作的灵感到底是

什么呢？前几天我看到美国著名普遍艺术家加里·贝斯曼的创作灵感，是来源于他家族的悲惨命运。

未读：这样看来，未来你可能更适合独立工作，因为你更喜欢个人的灵感性的东西。

林维稼：或许是吧。有一次我跟同学一起给学校的大型活动设计海报、门票等，其间我不断尝试各种方案，结果最后同学都差点崩溃了。不过，团队合作，尝试一下也不错。反正，未来一切皆有可能。

未读：将来毕业之后想做什么方面的事情？

林维稼：当然是纯艺术了，也想做一些关于艺术跨界的工作吧。不过目前最想做的就是各种艺术尝试。艺术最终的目的还是找到属于你的自我表达。说这话，有点像心灵鸡汤啊。

未读：到现在为止，你有没有觉得特遗憾的事？

林维稼：现在回想的话，我挺后悔在大学读书的时候没有好好学自己的专业，很多东西我都错过了，比如同学去拍片子啊什么的，我都很少参加。那个时候我很抗拒这个专业。其实"抗拒"这个情绪在我身

天上下起了火

001

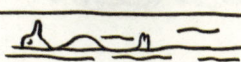

001

002

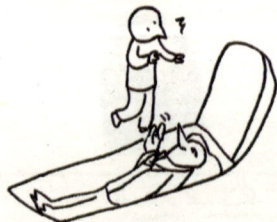

003

上持续了很久。我一直都是很乖的小孩，叛逆期来得很晚，应该是高二吧。那个时候，我父母坚持我理转文。我理科成绩很好，他们的理由就是全家人都是学文的，我爸爸尤其反对我未来学生物科学，这曾经是我小时候的理想。结果高中后两年都是拧着劲儿过的。后来考大学的时候，心想，反正都不是自己喜欢的，就进了传媒大学。还好，当我执意申请芝加哥艺术学院时，这个时候，我爸妈觉得人生还得做自己最喜欢的事，于是就同意了。我这也算是曲线拯救、发现新自我吧。

未读：你偏爱画的这个《鸟人》系列有种挺奇怪的感觉，有什么来历吗？

林维稼：说起这个事也是挺好玩的。"鸟人"这个形象是有一次我妈妈批评我的时候，我随手画出来的。那一阵，我下定决心要转专业，申请美国艺术院校。当时既要准备作品集，又要参加托福考试，挺忙乱。你这一问还真是，我和我妈妈为何争吵我都忘记了。对了，不知你是否看过宫崎骏的《起风了》，里面有一句话："飞机是被诅咒的。"我印象很深。其实你看我画的那个鸟人，仔细看的话，会发现他的翅膀是折叠的，我希望未来能够加入一些情节和故事。

未读：我也挺喜欢宫崎骏的，他的每部作品其实都是大片，而不能仅仅说是动画片。

林维稼：是的，确实不能说他的片子只是动画片。那是一个很丰富的内心世界。我最喜欢的他的片子是《幽灵公主》，最近的《起风了》我也超级喜欢。我看《起风了》的时候，最后都哭得不行了，我觉得这就是一部文艺片。我曾经看过他《风之谷》的系列漫画书。直到今天，大部分人还都用"童心""环保"等这样的词汇来概括他的作品特点，我觉得可能还不够。我从《风之谷》中读到了宫崎骏内心的纠结和对黑暗的思考，确实挺棒的。有一年去日本玩，我还特意去了宫崎骏工作室，我对我妈说，准备好钱，我要好好买一票他的漫画书。不过说实话，我喜欢日本的漫画，而不是动画。可惜现在日本漫画也很少有经典作品了。

未读：你说《鸟人》系列，希望能够加入一些情节和故事。请问，那你《鸟人》系列咋没配文字故事呢？

林维稼：哈哈，好吧，写！

004

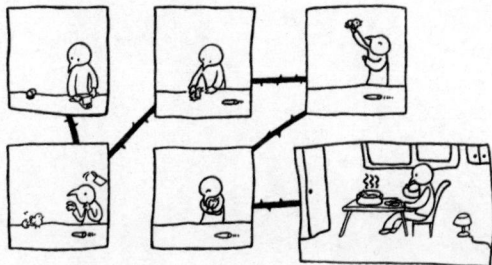

005

怪癖特辑

南朗 NAN Lang | *text & photo*

Mr. Crow

乌鸦先生

栋梁成立到现在已经有五年的时间。身为创始人，这五年来，我和栋梁在互相影响下共同成长。作为设计师，我希望通过做平面、空间、家具等与生活有关的创造来赋予生活美好的意义，充满动力，也肩负责任。关于栋梁，对我来说是热爱和挑战的共同体，从店铺刚刚成立到现在日趋成熟，栋梁从一个街边小店成长为设计师和穿着者之间最重要的桥梁，中国服装设计通过中国的买手店走入中国人自己的生活并影响着每个人对服装、对时尚的看法，是我竭力为之付出的出发点，并且我自己的处事方式也在栋梁的影响下不断改变。

001
002

乌鸦图案布料设计

栋梁一日形象大片上出现的乌鸦雕塑

001

002

之所以选用乌鸦作为栋梁的主形象，是因为它表现出来的自在稳重，没有金雀的浮华贵气，没有鹦鹉的谄媚学舌。以绅士的姿态，走来，静坐，不发一言。

乌鸦有五德：反哺、长生、多智、警示、无二过。是千年历史中人们广为传颂的美好德行。

对满族人来说，乌鸦是吉祥瑞象的征兆，在其几百年的历史中，乌鸦占据着极其重要的位置。相传当年努尔哈赤得以保命，全凭一群乌鸦栖息在他的周身，瞒过敌人的视线，"乌鸦救驾"的故事流传百年。满族人把乌鸦当作神灵一样祭奉，除了故事传说中的聪慧形象，乌鸦在生活中的习性也值得为人所用，遇到危险时机警应对，为当时进山狩猎的人指引道路，同时乌鸦食肉，荒年之时让人们可以依据它们群居的地点找到食物来源，孕期时捕食昆虫、雏鸟等食谷害虫，使庄稼免于灾祸。这些习性能够造福于人，也是满族人对其崇拜的一大原因，并且萨满教把乌鸦视为神灵与人的沟通者，世代供奉。

小时候与长辈聊天，乡村野外还有很多乌鸦落在屋前树上，现在回到老家却再也见不到了。当下提到乌鸦，大多数人都讨厌它通体乌黑，认为是不祥的象征，如果深入了解它的习性，观念一定会转变，而且乌鸦甚至要比一些哺乳动物还要聪明，面目令人害怕，但心地善良，乌鸦反哺之说已经流传千年。

根据《本草纲目》记载："慈乌，此鸟初生，母哺六十日，长则反哺六十日。"18个字可概述乌鸦的亲子关系，母亲年老不能自行捕食的时候，乌鸦会找到食物喂养数日，直到长辈老死。"慈乌失其母，哑哑吐哀音。

昼夜不飞去,经年守故林。"白居易《慈乌夜啼》也表达对乌鸦至孝的称道。现在很多人提出乌鸦的反哺并不针对自己的父母,但其反哺的行为仍然值得称颂。乌鸦是忠贞之鸟,雌雄相爱,相伴一生,欲念甚少。长生者可活至 30 年之久,寿命可以超过很多哺乳类动物。

乌鸦多数时候以孤独、凄厉的形象出现在古今诗词中。不仅在国内,国外也有很多古体诗都以乌鸦为元素,除了一些以其暗黑可惧的外表为出发点外,其他诗词都称颂其绅士、静默、独立、忠贞的品格,内心和外表判若云泥。读起来略带神秘色彩,让人信服。因此乌鸦也是品牌塑造中值得选用的形象。

静默的乌鸦给人低调、独立的印象,正是我们在店铺经营和为人处世中所追求的。我们用一只安静的乌鸦为图案制作了以老布料为材料的环保袋,因为 20 世纪二三十年代的布料本就极富时代感,所以,再加上黑色的乌鸦形象,整体风格神秘、沉静,又不失时尚感。

除了静态的乌鸦形象,我们也试图在动态的乌鸦中找寻灵感。为土豆映像节制作的服装装置"衣途",以白色衬衫为载体,近百件衣服以左侧衣袖相连接为画布,以黑色丙烯为颜料绘制不同形态的乌鸦,近十只展翅形态的乌鸦在衣袖排布的路途上错落着,或飞掠,或翱翔,展现我们这几年以衣服为媒介的不断行走和感悟的路途。

乌鸦一贯表现出冷傲、神秘的姿态,我们反其道而行之,用纸制品来表达乌鸦的趣味性,生日卡、乌鸦先生卡、爸爸妈妈卡三种手绘卡片,选用美国和日本的进口环保纸为载体,用手绘的七种趣味乌鸦形象为图案,三个系列适用不同节日和赠送对象,希望寄送者带给对方的不仅是祝福和情话,还有乌鸦本身的品格。

身为满族人,对乌鸦的喜爱并非都来自民族感情,乌鸦的形象几千年来在人们心中留下的印记足以完整地呈现出它最原本的面貌,似一个图腾在心中停驻。我们也并不标榜乌鸦的品行崇高,但做人行事皆应如此:安静、稳重、自在、从心。

001　乌鸦图案霓虹灯装置

002　乌鸦环保袋

001

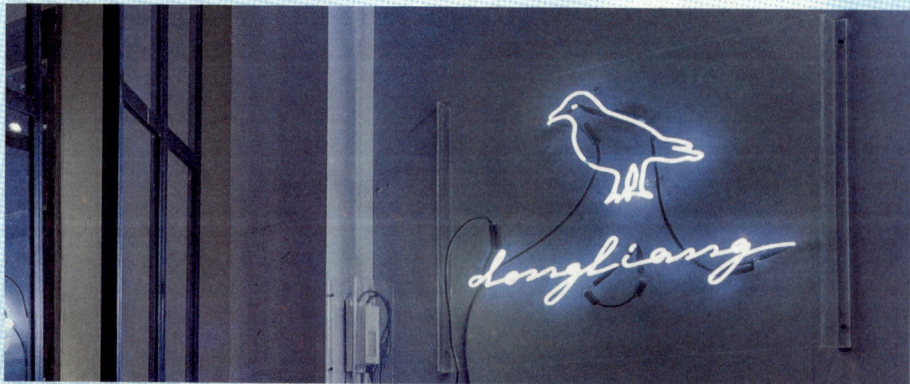

002

001

002

004

003

来自巴黛星的八带

A Species Named Badai from Badai

表面上，我是一只章鱼，实际上我并不是你们这个星球的物种，所以，暂且称我为"巴黛星人"吧。我的族人潜藏在地球的各个角落，选择合适的宿主，寄生在他们头上，靠吸收欲望之气生存、成长。会被发现？当然不会，我们自然会有高级的技能以防身份暴露。除非宿主的供给不足，否则我们一般是不会轻易换宿主的。

大多数巴黛星人都是以"章鱼"的形象存在，柔软的肢体让我们能够悄悄地盘绕在发间，吸盘便于我们吸收养分。人类是最好的宿主选择——人类的欲望多样且无休止，而别的动物只是想吃、睡、占地盘、交配……我们的一个先辈曾经寄生于一头狮子，那个不争气的宿主可是太弱，最后沦落成一只独居寡欲的出家狮。后来，传说有同族见到那先辈的灵石（死去的族人会化成灵石），只长到了掌心大小。

曾经有人类能看见我们的存在，这时我们其中两种技能便派上用场——"瞬间止语"和"局部记忆消除"。"瞬间止语"就是让宿主瞬间不能说话，而嘴巴"消失"的同时，"局部记忆消除"将会启动，完成后，嘴巴才会再度"出现"。

可我，还是太轻敌。我，选择了一个会画画的人。

那天，我发现她直勾勾地看着镜子中我的位置，于是我赶紧"消"掉她的嘴巴！我在犹豫要不要消除记忆后换一个宿主，可她的嘴巴一直没出现，直到她用那块闲置的木刻板画下了她见到我的那个场景——我妥妥地暴露了！很明显，"局部记忆消除"失效了，而更糟糕的是，我再也不能离开她了！

001

001　勿懒
002　于夜

001

总的来说，陪玩的日子还算不错，只是有件事情让我很烦恼——我的成长
速度在减缓。看着有的和我同期的族人变成我的两倍、三倍大，我羞于出门，
只有在被变成其他形象时才能稍微放松一些。她似乎看出了我的扭捏，虽
然不懂我的苦恼，但在出门的时候，她会尽量把我变成别的模样，虽然明
知其他的人类看不到。

002

001

在沦为"玩物"的日子里，我默默苦练"任意封口技"！（"进化"大多是被
环境所迫的！）之后在她又要"布拉布拉"的时候，我总算可以自救。耳根清
净，真好！然而我只猜到了开始，结局是，我会被带到镜子前变这变那。亲们啊，
切忌找想象力丰富并且会画画的宿主，好累……

002

也许是我和她的关系被绑定了，"止语功能"也随之消除了。她和我说："Hey，我们交个朋友吧！我叫你八带，你叫我蚊猪吧！"

"八带，怎么不说话？你不会说话，还是你不想说？那你会写字吗？你爬到我头上想做什么？你得告诉我呀！你不告诉我，我怎么知道你想做什么？我怎么配合你呀……Blablablabla。"

我慌忙伸出触手去捂住这张烦人的嘴。可是，在碰触到那上面奇怪的液体（没错，就是口水）时，我的身体忽然产生了奇怪的变化，渐渐地，我的灵识里出现了另外一个声音——她说："来，变个金钱豹来看看。"然后，我便长出了尾巴。

"八带，你看到了什么？还是想家啦？"那时我才知道，她只能看见我。
我给她画了几只章鱼，点一下小的，指指自己；点点其他大的，再指指外面。
"你是说满街都是你的同类？他们都很大？所以你是在介意你太小？"她
好奇道。我没有回答。她想了想认真地问："大，就一定比较好吗？"是啊，
大到底好在哪里？不会活得更久，不会有更高的技能，不会变成更高级
别的星人，只是看起来叫人羡慕而已……

001

先辈的答案也许永久地封藏在他的灵石里，没有人知道，或许也包括那只狮子。而我，找到了我的——感受着她的感受；参与着她的生活，也为自己的生活做出努力；看过镜子中的她和我，也看过这个星球中的美好；记得那些发生过的人和事；有一个不是为了吸附而存在的宿主而是真心陪伴的朋友。所以，管他们呢，从今以后，我只过我的"小"日子。

001

002

也许是为了让我能开心起来,她带我到处去玩耍。去博物馆、去画展、去 shopping mall、去做 spa、去公园、去海洋馆……每当我成功阻止了她的"布拉布拉",她总是以更加努力的挤眉弄眼来活跃气氛。看着别人投来诧异中略带惶恐的目光,我想:如果他们能看见我像百变狸猫一样地被变来变去,会不会释然呢?

001

那日，春光明媚，她带我来到一座山上。这里开满不知名的小花，娇小不艳，但美丽，我似乎能嗅到它们清清的香味，尽管我并没有嗅觉。忽然，我长出一双翅膀，她在花群和蝶群中奔跑起来，我不自觉地因风而动，一切看起来是那么自然而欢快。跑累了，她躺在草坪上，我躺在她的耳边，看着天空中的云，没有说话。我忽然想到一个从来没思考过的问题——那个寄宿狮子头的先辈，他其实可以离开，重新寻找宿主，但他没有，而是选择陪伴那只狮子，直到死去。为什么？

寻胖记

001

范钦儒 FAN Qinru | *text*
大橘子 Heyorange | *illustration*

Dear Fatty

宋胖儿：

我终于决定，去找你这只民谣狗。

你在哪儿？总感觉离你挺远的。我妈被从非洲空运过来的时候飞了二十几个小时，不知道会不会比那还要远？

你说我出生在哈尔滨，我是怎么都不会相信的，你总骗我。我妈说，我们的家在非洲草原上。你说草原好啊，有唱歌动听的姑娘。后来你又说，你买了一条跟我身上黑白花纹一样的睡裤，我暂且信了。估计和那时候一样，我只是有点儿想你啊。

我的蹄子越来越强壮了，也越来越痒得心旷神怡，像小孩子长牙，我想磨它磨到锃光发亮。所以总是快速地走，再快，再快，几乎要跑起来，去踏你说的路途，去看你口中的人。

所以胖子，我就这样上路了。

我没有备干粮，不太愿意驮着大包小裹，毕竟我是从非洲来的斑小姐，得有点儿异国范儿，而且你说过，这才叫流浪。

你知道吗，六岁成年那天，我到了成都的"小酒馆"。那里有很多跟你一样气味的人，背着吉他，在玻璃窗外边歪七扭八地坐成一排，抽着中南海，旁边蹲着瓶啤酒，哈哈傻笑。你说过，将来你要在这儿演出的。我去问了问，好像没人见过你。可是出门的时候遇到了一个醉汉，我没忍住哼了一声，因为他背着跟你带走的那把一样的吉他。

他回头，后退一步，将着我的鬃毛问我："姑娘，你多大？"我说我今儿刚满六岁，成年了。他嘿嘿傻笑："中南海，来一根？"毛衣袖口一撮撮发灰的毛球耷拉着，在风里打旋，就是不掉下来。两撇小胡子陷在嘴边的褶皱里，带着酒精味道。我接过中南海，他点上，这是我的第一支烟。他叫张小饼，像个流浪汉，但在台上唱歌的时候不像，背光打过来的时候，层层叠叠的五彩衣裳里面，一个多情伤痛的灵魂畏缩地探头探脑，唱尽对破旧的爱，腻歪在这个谜一样的城市里。那一瞬间，我想到了你，胖子，我就是这么无预警地想到了你。

成都是个美好的地方啊，人们喜欢飞扬的姿势和热闹非凡的腔调。他们懒散地注满力量，在音符里随意蹦跳着，脸上写尽满足欢愉。你也喜欢这里吧，你也走过这样车水马龙的街道，跟这些浪荡子把酒言欢，说着几十年前的中国，说着那些拿着吉他的人，对这个世界骂骂咧咧地深爱着。他们说这个世界是残酷的，残酷到有人一餐一饭都在风里，张嘴吃下的都是满腹悲凉；他们还说这个世界是柔弱的，柔弱到一首曲子就能收了那么多人的心，让他们掉泪，让他们怅惘，让他们疑惑如今牛马一般地活着，让他们记起 16 岁时关于纯真的梦想。牛马一般地活着？没什么不好，我就从不会在草原上迷失方向。我想念尾巴与蚊虫的游戏，想念泥塘里浅浅的影子，风吹动鬃毛的时候，有青草茁壮的异香。斑马追逐迁徙的河床，但我更好奇你终其一生所追赶的，一会儿在，一会儿不在，只有拨动琴弦，喝下一杯才能释然的那个无以名状的东西。那天晚上，我有点儿醉了。斑马的一生可能并不充满疑惑，奔跑、交配、迁徙是本能，活着便是意义。那你们呢？

我在云南撞到了一个长发的盲人歌手。头发油油的，凌乱，一点点小胡子，看得出企图茂盛过后的劳累过度。他没有唱歌，在读诗：

"秋天学会了躲藏，越发透明，好像沉默如谜的呼吸。

你看见我们的命正在加盖子，

自由，爱情，白日梦，这些竹竿敲击着路面——

我们活着是兄弟，

死了下地狱……"

我怔了几秒，他却笑了。

他出门演出的时候要有人陪着，引到台上，局促地坐在那里，几乎不动，眼神也藏在墨镜后面，嘴角一直向上。他唱房价，人们在笑；他唱克拉玛依，人们在怒；他唱拐卖儿童，人们又哭了。这是一个盲人的"见闻"，消化了自己的黑暗，展露他者的悲凉。不过几首的时间，就又被扶了下去，底下的听者总是带着哭腔地喊："老周来一次不容易，多唱一个吧。"每到这时，他总乖乖的，怕麻烦人似的跟在别人身后缓缓下台。

老周说，他坐着绿皮火车去过很多地方，小时候是看眼睛，大了不治了，就开始旅行。在北京的大学自习室里唱，被人赶出去就再换一间。有喜欢他的姑娘，毅然给了爱情，还上了报纸。后来爱情也不在了，还有吉他和诗。他也读书，他知道别人知道的一切，甚至更多。他也做梦，梦里都是声音，画面却只靠想象。他去过很多城市，看过许多故居，触摸是唯一获取历史的线索。再唱出来，多活泼的调子，我听着总有黏稠的悲伤。

胖子，你认识他吗？一个缺失了光明的人，追寻什么？是普通人听不到的悲切——人们活着的悲切。

可存在只有悲切吗？我在兰州见到刘堃，他吹起口琴，踏着节奏，涌上一团土烟，向四周散去。人们围着他唱起《兰州》："兰州，总是在清晨出走；兰州，夜晚温暖的醉酒；兰州，梦的尽头是海的入口。"这座城市充斥熟肉香气，烟囱林立。在街上招摇，会被卖牛肉面的老板招呼说"来后头坐哈沙"。我总是惶恐奔走，尽管我知道他笑得虔诚纯粹。刘堃去了北京，而兰州在远方。我在这里找你，而草原，不远万里。

思乡悲切。

我也见过南京的李志。总统府旁的路上，梧桐叶暧昧地互相摩挲，他却唱"我们生来就是孤独"。他的南京，是位外表优雅却内里炽烈的姑娘，会有礼地带他游历她的每一寸肌肤纹理，却停下一秒，幽幽地问："这个世界会好吗？"他给她世上最潇洒的男子，却说："我想和你在一起，直到我不爱你，别在夜里等我。"而她微微皱眉，也是一头扎到爱里。

胖子，董小姐的故事还有人在听吗？

情爱悲切。

董二千说石家庄是摇滚重镇，一匹斑马的音乐修养仅止于非洲草原上风声与踏草的混响，所以我也并不明白其中含义，只是这里的确是灰色的，风雨欲来的样子。人们通常上班六天，只有一天留给无尽的睡眠。这里曾发生过很多命案，但我并不觉得恐怖，大致是，那些人只是孤独得很明显。"是谁来自山川湖海，却困于昼夜，厨房与爱。"要多么绚丽的心才能写出这样的句子？一定不是灰的，你看，这座城市包含强大的爆破力量。

琐碎日常，一样悲切。

胖子，你听过他们的悲切吗？他们说你在北京，出了专辑，成了一夜成名的歌者。那你还记得这几句吗？"卖血无法救贫穷，一朝悲歌成金曲，明天不去问市场，自由或许问心脏！"

一个在北京读书的姑娘收留了我，最后一站，带我去找你。一路上听人聊天讲起了北京的无名高地跟河酒吧，可惜我来的时候已经都不在了。同行的姑娘讲给我听，她在一本书上看到过，出没在那里的有叫小河的，有叫万晓利的，有叫马木尔的，都是必须记住的名字。如果你在台上演出，要格外一丝不苟，因为台下坐的都是歌手和乐手。河酒吧也成了中国当代即兴音乐的摇篮。我知道其中一个名字，因为胖子，你说过，你想成为万晓利那样的歌者。他唱得并不那么好听，像是聊天，我不懂，可你说，那歌儿里有你追寻的东西。
又是追寻，你究竟在追寻什么呢？
姑娘给我讲这些的时候满脸陶醉，就像我盼望草原夏季来临时的入迷。她今年 25 岁，说起来应该比我大一点点，同样是对这个世界好奇的年纪。她说有两个从兰州来的人在这儿开了个酒吧，组了个乐队，然后来了更多的乐手，在这里一起玩闹嬉戏，吸引了更多愿意听他们唱歌的人，于是火了起来。这两个兰州人收集了许许多多的西北歌谣，他们要做的事很简单，用故乡的声音描述生命的存在，在硕大城市中卑微又坚忍地存在。那几午有些人下了班，都混迹在酒吧，后来，他们成了电台主播、唱片公司企划、著名记者、创业商人和其他乐队的乐手。他们积攒更多能流传下来的符号，这些带着"河"标签的人无比自豪，就像我闻到同一山头的气味，总认作是同类。后来酒吧的生意渐渐萧条，其中一个兰州人得了癌症去世；另一个人，背起吉他，远走他乡。这大概就叫作一个时代的结束吧，如同斑马群领的更替。那许许多多的夜晚，这里需要被记住的人们自说自话式地讲起往事和如今，也有未来。但未来会如何呢？不如醉酒当下。
她讲起这些素未谋面的场合就好像身临其境，像是也曾在那里拨弄琴弦，吆喝着明天的饭菜。你们人啊，总把想象归为现实，吃不到的，怎么能叫草呢？她怯怯地说："我也想有个乐队。""为什么呢？""不知道，我喜欢他们。"青年时对城市的记忆最为深刻，总有坐立难安的悸动，就好像我在寻找你的路途，追求你存在的理由。

胖子，我七岁了。我奔跑了大半个你的故土，寻找属于你们的答案。
为什么每个人总是行色匆匆地盯着电子砖头？为什么大家并不习惯对别人微笑？为什么凄苦地互相追逐却不在一起？为什么到处可听内心的嘶吼？为什么拿吉他唱歌的人曲调悠扬却总带悲伤？为什么一寸土地那样昂贵？为什么死都不肯栖息在别的地方？为什么烟囱总有可怕的口气？为什么故乡总也回不去？为什么孩子们笑得那么熟练？为什么有人在街口哭泣？

为什么想要救赎，却不肯交出自己？

为什么白驹过隙、苍狗流云？

马儿交给草原，风儿交给蓝天，活在地上的啊，交给生养之地。

可其实，我吸收着一路东行的气息，却明白，没有人必须理会一匹斑马的需求，也没有人必须为我解答疑问。而我，也没有一个必须得到答案的问题。

回环通于交替，你打算卖掉房子，浪迹天涯的缘由，不过是为了归宿。寻找，出走，回归。

胖子，我终于找到你了。我在草莓音乐节的那片山坡上看到了你肥硕的身影。你的胸前挂着工作人员的牌子，下面站着密密麻麻一大群人，是比斑马族群迁徙更壮观的场子。虽然你没有唱写给我的那首歌，可是胖子，我找到你了。

身旁的女孩要哭，我没给她递纸，年轻总要用故作疼痛来染红视野，可谁能说那疼痛不真切呢？总有一年，她也会回望这样的一个自己，一个望着你，听着你能够流泪的自己，她有希望。

胖子，你的问题有答案了吗？

你还要继续走吗？

你说快到了，不着急。

黄昏是谁？它在叫你。

要走就走吧。

反正我决定，不再回去。

"睡醒的人哭着想回家，而离家的人不会相信他。"

雷志龙 LEI Zhilong | *interview & text*

罗敏文 Mosquito Luo | *illustration*

一只蹲在路边看天的鸟

A Bird Squatting by the Road, Looking up to the Sky

最近一直在生病，发烧的感觉很魔幻，一个人走着走着，好像就慢慢飞了起来，又或者慢慢躺了下去，蹲在路边，看着自己的身体渐渐走远，终于只剩下一个背影。然后，自己变成了一只鸟，一只蹲在路边看天的鸟。

之所以想写这些，是因为每逢四月，我都一定会去一趟南方。我和左娅是在冬天分开的，她说过，如果有缘还能再见，应该会是一个四月。所以，四月就具有了其他月份所不具备的意义。

除此之外，四月的南方，草木抽芽，湖水上会反射出明媚柔和的光。高大的法国梧桐在路边从日出等待到日落，谁也不好说它们在等待什么。除此之外，南方一旦进入四月，会有雨季——鬼见愁一样的雨季。雨水的层次和好的红酒的层次是一样的，味道分得出前中后，味蕾在空气中一点一点湿润，雨水顺着那些碎石子路流着，然后会有阴冷，席卷着你不愿意想起的记忆，扑簌簌地在窗外盘旋。除此之外，四月和南方，是每次想到左娅时，一定会想到的两个词。

无止境的生病耗光了力气，早就定好的行程一次又一次地后延，车票不得已反复改签。我躺在温热的床上，看着窗外逐渐明朗的四月天，愁眉紧锁却又无计可施，因为尿急不得不下床时，会发出老年人才会发出的气喘吁吁声。我怕我是赶不上这个四月了。也许那一年，左娅根本就是在骗我呢。冬天分开的时候，她也许根本就没想过要和我再见面呢。不然为什么 12 年来，我每年四月去南方，从来都没有碰到过她？我去过我们曾经待过的所有地方，从来没有遇见过她。可是，她为什么要骗我呢？她完全可以笑着对我说"我们不用再见了"之类的话，她是知道的，不管她说什么，我都不会生气——生气又有什么用呢？她是知道我的脾气的，在我们认识的第一个星期里，她就摸透了我的脾气。

病到有些糊涂的时候，我会在半梦半醒间想：如果我就这么死了，那该怎么办？我既不能去南方，也不能在四月重新遇见左娅。而且这辈子她都不知道我其实已经死了，她会认为我一直在失约，失约了一辈子。在北方久了，我都快忘了南方的冬天，那种透骨的冷。左娅穿得像只熊，戴着厚厚的口罩，骑在自行车上。自行车在萧冷的路灯下，她一边骑车一边喊着，好冷啊！我在后面小跑着，跟着她喊，好冷啊。我们的影子被冬天拉成了细长的粉条，留在了无数的回忆中，层层叠叠，挤得让我喘不过气来。

洗衣服是冬天的酷刑。左娅把衣服放到红色的水桶里，倒了很多很多洗衣粉，我们怀着播种的心情将水桶放到房间的一角，然后再也不去搭理，心中暗自祈祷衣服能自己完成所有的洗涤过程，然后从水桶里长出来，长成在阳光下迎风飘扬的干净衣裳。左娅抱着我，问我们什么时候才能买得起一台洗衣机。我说冬天过去后，洗衣服就不会这么冷了。睡得迷迷糊糊的时候，会听见外面隐约的水声。醒的时候，一排衣服挂在屋檐下，流眼泪一样滴着水，一滴一滴，滴在门槛旁边的青苔上，青苔变成了散发着霉绿色的大瀑布，云山雾绕。左娅手上生满了冻疮，我接过了红色水桶，双手浸在凉水中，一边揉搓着衣服，一边看着自己的双手，从白变红，从红变成诡异的深红，红色中爆出一点点白斑，水从手掌流过，好像一柄刀子慢慢沿着掌纹划拉过去。左娅裹着棉袄，搬过小板凳坐在我的身边，对我讲——赭石里加一点点墨绿，会像是沙漠里挖出了宝石；明黄里如果掺一点紫，会像情人眼里的吻；钴蓝加白，是山背后苍蓝的天；钴蓝加绿，就会脏得像我们现在住的破屋子……如果我们有一天走散了，再见面一定要在四月，所有颜色在四月都会找到自己的位置。

发烧到 38.5 ℃ 的时候，我开始说胡话。胡话的意思，不是我在说话，而是有梦境通过我的食道、咽喉、舌头、唇齿，最后流落到人间。每到雨季，南方的巷子与巷子会连到一起，尤其暴雨过后的下午，一条巷子的雨水会灌入另一条巷子，直到灌满，再灌给下一条巷子。暴雨过后的阳光，透过水的雾气扎你的眼睛，石板上残存的雨水在阳光下爆炸一般地亮，一脚踩下去，光线飞溅四处。然后就能听到此起彼伏的笑声，那种笑声好像一早就藏在那儿，就等着你去引爆，啪啦啪啦的，商铺的卷门全都拉开，在黑暗中躲雨的人们像僵尸一样全都蹦跶出来，那些被生活压榨得不留一点温良的眼神，还有那些无所事事的胳膊和大腿，满巷子晃荡着拖着鼻涕的小孩。残存的凉意追着蝴蝶，从巷子尾巴一直飞到巷子顶头，最后消失在大街上。

这些时候，左娅都一直跟在我的身边，我们紧紧拉着手，像这个地球最后的幸存者，又像是荒唐命运下的幸运儿。左娅穿着深灰色的印花长裙，脚上套着黑色的防水胶鞋，头发盘着，插着一根铅笔当发簪。铅笔是中华牌的 5B 铅笔，笔头参差不齐，好像被斧头砍过。左娅和我无聊时会比赛削铅笔，看谁用时最短，我的纪录是 8 秒钟削好一支中华牌铅笔，她的纪录是 10 秒。她的发簪就是我的纪录，是我神勇的证明，是我的勋章，是我们在这个世界上最确定无疑的见证。

所以，如果我死了，谁帮我在每年四月去一趟南方，告诉在那儿等我的左娅，我已经死了，在北方，蹲在路边看天的时候，糊里糊涂就病死了。如果可以，最好还能帮我取回那支铅笔，放到我的墓前，至少告诉世界，墓碑后面躺着的人，曾经用 8 秒钟就削好了这支铅笔。

发烧到 39 ℃ 的时候，脑袋变重了，枕头变得很硬而且宽，像是一片白色的站台，脑袋就那么枕在无边无际的站台上。光开始显示出形状，直线，一格又一格的直线，垂直于世界以及世界的尽头。而且，光还会显示出它的光谱，明黄与钴蓝垂直靠在一起，土黄和洋红站在一起。如果你用手指去触碰，会发现落在手指上的大部分都是橘红色，那种橘红很艳丽，分明是深红加白后，又放入了普蓝和橄榄绿，也许还有紫色。光的世界永远都那么迷人，皮肤在光斑中苍白起来，衬着皮肤下面的血管，像是大地深处藏着的红褐色熔岩，熔岩在奔腾，就等着找一个出口喷薄而出。血管旁边的经络，是冬天的巷子，横七竖八地纠缠在一起，阴冷的紫色、潮湿的深绿色、暧昧的浅蓝色。被人丢弃的猫的尸体，蚊子，成堆的垃圾，工程车上掉落下的砖头、石块，枯萎的盆栽被埋在石块间隙。左娅背着画夹，站在巷子的尽头。我冲她飞奔而去，巷子与巷子开始移动，变成无穷无尽的楼梯，我在里头不管怎么飞快地跑，都只是在同一条巷子里打转。左娅永远在远处的尽头，她的背后是白茫茫的光，应该有山水故乡，应该有河流大川。

左娅在绘画上，是个天才。天才的意思是只要你看过她的画，就知道她离你很远，她活在另一个世界里。医生用酒精为我的手背消毒，将针尖捅进我的血管。顺着输液管看上去，一瓶药液挂在架子上，架子的顶上是天花板，天花板是灰白色的，像年久失修的老妇人的脸。我昏沉沉地睡了过去。在四月的中旬，我昏睡在北方的病房里，窗外有大风经过，吹散了所有雾霾。听上去像是一个好消息。今晚角楼边上的月亮应该又像一枚铮亮的纽扣。而南方，则是无尽的黑夜掩盖下的蚊帐与山峦。

也许我真的要错过这个四月和南方。反正已经错过左娅 12 年了，多错过一年也不见得会怎么样。自从那个冬天分开后，我不知道她去了哪里。我到处找她，怎么也找不到。我接连看了三年社会新闻，在无数个火灾、车祸、航班失事、地铁脱轨、自杀、谋杀、意外死亡的新闻里看死伤者的名字，反复用搜索引擎搜索"左娅"，找到的全都不是她。她凭空消失在这个世界——太离奇了。怎么可能？左娅是一个绘画天才，即便她沉默，她的画也一定会出卖她，让她变得显著、独特、唯一。在我们相遇的那座城市里，她名噪一时，所有画室都知道她，所有学画的孩子都从临摹她的作品开始，并且都能在最短的时间里明白自己和天才的差距到底有多远，然后彻底放弃绘画。

只是我找不到她。

12 年来，我每年四月都会准时去那座我们相遇的城市，走过我们曾经在一起待过的画室——最开始是画室，后来改成了网吧，再后来被一个面馆老板接手，最后全被拆平了，变成了一块空地——最近去的一次，空地上搭满了脚手架——灰褐色的脚手架，脚手架外头蒙上了绿色的防护网。我拍了几张照片，和往年的照片放在一起。这些照片清晰地告诉我，什么都在消失，在你看到她的第一眼时，她就开始计划着从你的世界消失。

所以我应该放弃，放弃寻找自己曾经生而为人的证据。医生嘱咐我不能再喝酒、抽烟，要好好调整作息，身体的免疫能力已经非常脆弱，最好给自己放一个长假，什么都不要做。医生说话的时候，永远都是一副判官的样子，每一句话都是一个判断，每一个判断都那么笃定、客观，带着冷漠的准确。但我分明看到，我从病床上爬起来，走出了病房，留下一串灰色的脚印。我知道我要去干吗，如果走得足够快的话，我能赶上下午最后一班开往南方的高铁。等到凌晨的时候，我就能站在那群脚手架前，看到盖了一半的房子，黑洞洞地面对四面八方。我会在那个房子下头，走上那么一小会儿，还可能偷偷烧起一堆火，坐在火前头，看暗青色的天空一点点透出蓝来，直到变成苍蓝的凌晨。火堆会一点点灭，最后留下青烟，青烟顺风飘过空楼，变成一朵寂静的烟花，慢慢炸开。站在巷子尽头的左娅，也许就在那时看到青烟，知道我在找她，并且娴熟地穿过所有阴冷的巷子，径直走到我的面前。

我会看着她的脸，她也能看到我已经失去希望的干枯默然的眼神；我会看着她的脸，看到她眼睛里的我，我会告诉她，这个世界在我们分开的

12 年里，已经全部坍塌，我们每天见到的，都是自我臆想出的假象。物质构成世界、物质先于意识，这些我们初中时就掌握的哲学基础，都是伪科学与伪哲学。物质不能穿透光，而意识就在光之中，我无法伸出手去抚摸你的脸，而我的意识早就随着光一同在你皮肤上驻留一生，我甚至都能感受到你皮肤的热度、弹性，以及在你挥动手臂画画时，皮肤因为在表达而产生出的愉悦感。我会告诉左娅很多很多秘密，每个秘密都会引领我们去一个新的地方。就像当年我们经常偷偷在晚自习的时候溜出教室，跑到画室的顶楼，或者干脆跑到学校的后山，跨过夜色中的田野，一直走到铁路上，沿着铁路一直走，一直走。枕木与枕木之间隔着三分之一步的距离，走到很远突然回头，会发现铁轨尽头有隐约闪烁的车灯，然后剧烈的轰鸣声漫山遍野，铁轨上的铁块开始震动，枕木微微颤抖。我们拉着手，看着车灯从远及近，速度飞快——我们会比谁更晚跳出铁轨，每次输的都是我，在火车离我们还有四五百米时，就拉着左娅往旁边跑，左娅每次都那么镇定。有一次我拉空了，自己跳到铁路边的树丛里，而左娅还站在铁轨中间，迎面看着呼啸而至的火车。我疯狂地喊她的名字，她的头发被风吹得像散乱的旗帜，她对着火车喊出声来，却依然站着不动。我冲过去一把将她扑开，顺着铁路旁边的山坡一直滚了下去，直到滚到山坡底下的小池塘，我们躺在水面上，仰头看着满天星光，如同一切的死里逃生，狂笑着，呼啸着。突然之间，她拎着我的衣领，将我推到池塘边的桥洞下，黑漆漆的桥洞里，只有我们的喘息声，喘息声里充满了对世界的绝望和对身体的渴望，这两种剧烈的情绪交织在一起，共同构成了左娅与我，最深沉的秘密。

左娅说，以后我们一定要一直在一起。如果走散了，一定要记得去找，不管多久，只要还没死，都一定要找到对方。

可是，我怎么也找不到她了。我在医院里躺了三天，出院后在家里又躺了一个星期，眼睁睁地看着四月慢慢过去，眼睁睁地看着自己枯死在床上，脚上长出了霉绿色的菌，脚趾与脚趾粘在了一起，连成灰扑扑的一片，脚指甲变得长且尖锐，日复一日的灰白并最终成了阴阴的黑色。背部先是痒，然后是剧痛，我没法翻身，只能拼命用手去够自己的后背，手掌摸到背部湿漉漉的，像是暴雨过后长满青苔的岩石，滑而腻，难以名状的黏稠，直到这种黏稠慢慢变成液体，整张床单都泡满了红色的血，从血水里，背部长出两根粗壮的类似于胳膊的东西。我看着那东西，小心地用手碰了碰，触感像是婴儿的脸颊，光滑的、洁净的、脆弱的，还有猩红的血丝，里面似乎有血管，也有神经。我的嘴和鼻都在退化，脸部越来越紧，我很担心左娅再见我时，可能完全认不出我了。背部长出的新肉日复一日地坚硬，慢慢看出了形状，并且上面开始长出绒毛——像13岁突然发现自己的阴茎旁边长出了淡而黑色的毛，但那些绒毛不全是黑色，是灰白交错的，最终才有一点黑色，绒毛长得很快。在我的鼻子最终消失为两个小小圆孔的那天，我终于分辨出了那些绒毛，以及绒毛所在的新肉——原来是一对翅膀。

背部的剧痛消失了，原本的肩胛骨似乎比以前灵活很多，稍微一动，翅膀在血水里竟然也微微挪动着。我惊诧地看着自己的身体，就像当年我惊诧地看着左娅，她把我推到桥洞下，喘息着脱去我的衣服和裤子，然后蹲下身去用嘴含着我的阴茎，一边慢慢吮吸着，一边用手揉搓着，直到我的身体像被点燃的火山。或者是被一刀剁去尾巴的壁虎，火车在桥洞上轰鸣而过，响声惊天动地，我们都以为自己耳朵被震出了血，火车过后，耳朵所能感受的，是一片白茫茫的宇宙。我看着左娅慢慢爬到我的身上，嘴巴微张着，我知道她在说话，可就是什么也听不见，黑漆漆的桥洞，我们赤身裸体地滚在一起。黑暗是世界的一切，也是一切的世界。

四月的最后一天，我的翅膀终于长好了。我挣扎着从床上爬起来，床单因为被血水浸泡太久，已经开始长出苍白恶心的蛆斑。我控制不住，低头啄食着床单表面附着的有形的蛆，我的嘴巴坚而有力，每次啄食都准确无误，分明是一种天赋。我看着窗外瓦蓝的天空，清澈高远，微风无霾，是一个完美的天气。我冲出窗户，瞬间张开翅膀，我想先用一个完美的滑翔，从窗外到对面的楼顶，然后从那个楼顶正式起飞。然而刚离开窗户，我就直线下坠。我连连扑腾着翅膀，肩胛骨承受着剧烈的痛感，可翅膀还没经受过训练，完全不足以撑起我的体重，我重重地摔在楼底的商铺前，整个街道都沸腾了。无数人冲了过来围观我，一边围观一边拿手机拍照。很显然，他们下一步肯定打算把照片发到朋友圈或者微博里，然后配上各种说法——肯定会有很多人点赞吧。

我急忙用翅膀遮住自己的脸，挣扎着站起来。这是四月的最后一天，如果我不能赶到南方，很可能就会错过左娅，如果错过，我又要再等一年。我挣扎着站起来，对四周发出尖锐的警告声，行人们啧啧赞叹——原来它会叫！反而围得更近了。我扇动着翅膀，这个时候已经被逼入绝境，再顾不上肩部的痛感，用尽了所有力气，竟然真的缓缓飞起。飞到半人高时，围观的人们似乎反应过来我要跑，竟然有人高喊——抓住它！抓住它！我只能咬牙再努劲儿，在他们真的动手之前，离开这里！疼痛感消失了，取而代之的是耳边不断掠过的风声。我离地面越来越远，飞得越来越高，俯视着地面上那群举着手机的人，我的嘴巴发出尖厉的叫声，这种叫声充满了愉悦——自从左娅和我分开后，从来没有过的愉悦感！

我在半空中终于实现了一次完美的滑翔，绕着我居住的楼房盘旋了几圈，最后决定和曾经的住所告别，飞到我的屋子窗前，看着里面——空荡荡的房间，白色的床单上，躺着一个病恹恹的中年男人。他的脸因为虚弱而有些浮肿，并显得过分苍白。他的眼神涣散，眼角有眼屎和眼泪混合成一坨的黄色固体。他的头发蓬乱着，露出了高耸的发际线，脑门上还留着一些因长久捂在被子里而渗出的汗珠。他也看到了我，伸出手用尽力气指着我，嘴巴咿咿呀呀说什么。我飞得近了一些，但怕他会抓我，还是非常克制地保持着距离。他羸弱地爬上床，拉开窗户，用了全部力气对着我喊："快去南方！告诉左娅……"一阵大风吹过，他后半截话被风拐跑了，我没听见，扇动着翅膀留在原地，等他重复一遍。他拼命往前凑着，对我大声喊，还没喊出声，重心不稳，身子往前晃荡着，一个倒栽葱，从24楼飞快地坠落下去。我跟着急冲而下，却始终慢了一些，只能眼睁睁看着他重重地砸在楼下，脑袋磕在一家商铺的招牌上，下巴扯着整面招牌哗啦一声全都掉了下去。街面再次沸腾起来，死亡向来都是无聊者的狂欢。

我远远停在半空看着这一切，心中涌动着莫名的悲伤。我扇着翅膀，有些沮丧，只能继续朝着南方飞行。日头在云层中穿梭，空气在不同层次的光中显出不同的颜色与深浅度，我似乎想流泪，但终究什么也没流出来。就那样飞过了长安街和护城河，飞过了锣鼓巷与钟鼓楼，飞过了朝阳门与安定门。在角楼上空，我盘旋许久，最后找到一个红色古旧的牌楼，蹲在牌楼顶上，环视着即将消失的这四月的最后一天。

"上门"艺术服务

On-Site Art Service

范钦儒 FAN Qinru | *text & photo*

打 O2O 成了时髦，只要一部手机，足不出户可以做任何事情。马斯洛的需求金字塔最底下，不再是基本生存需求，而是 Wi-Fi。"艺术"看似高冷，却从未落下任何热潮。去博物馆里看展览是骨灰级文青的仪式，但凑个热闹，一部手机足矣。

不得不说，在艺术数字化的道路上，iOS 的确完胜 Android——艺术家也要对技术宅们拜上三拜，数字程序三维展开到手机里，在场

榫卯

评价一个中国古代木匠的手艺，看一眼榫卯（sǔnmǎo）就知七八分。这种不用钉子就能使两个部件严密扣合的连接技术，是中国古代建筑、家居、器械的主要结构方式。而今，除了贵得离奇的手工家具店外，这款 APP 也能让你满足对结构之美的追寻。总的来说，是一款激发动手欲望的神器。

iPhone / iPad

语言：中文

大小：106MB

App 内购买 1 元完整版

MAU M&L Natural History

日本武藏野美术大学图书馆的官方 APP，收录了诸多稀有书籍，你能看见它们古旧破损的封皮和精美的自然物插图，甚至包括航海日志。可以根据署名、类别、年代、作者进行检索。By the way，如果英语阅读有困难，单去日本参观一下这个图书馆也是一级享受。

iPhone / iPad

语言：中文 / 英文

大小：18.2MB

免费

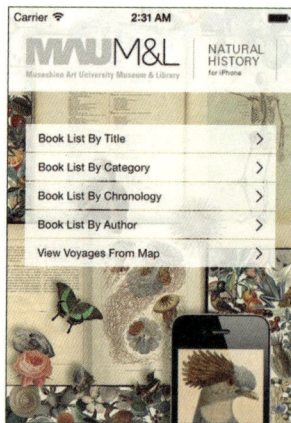

故宫陶瓷馆

萌萌的世界文化遗产"故宫"博物院又一力作。以时间轴展现故宫文华殿陶瓷馆中的全部藏品，除了必备的高清图和专家介绍，必须让这些展品 360°转起来，亲临博物馆的体验不及这般吧，一秒钟爱上天朝文化。

iPhone / iPad

语言：中文 / 英文

大小：200MB

免费

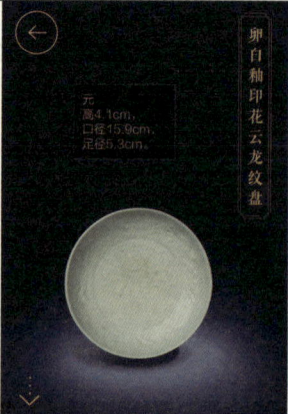

感的欣赏只是第一步，接下来则是全民创作的时代。

装载以下 APP 有几种后果：一、每天认真学习苦练，成为身价百万的大艺术家；二、偶尔细细把玩部分功能，成为朋友聚会的镶金谈资；三、买个大内存手机，下载，从不打开，等待别人看到你的手机界面时感叹：哇，你好酷啊！

以上三种方法，请随意使用。

iDaily Media 出品，2014 年苹果 App 年度精选之一。同城展览不算什么，放眼全球才是真达人。博物馆爱好者的实用手册，就算去不了那么多国家的那么多博物馆，留着 APP 洒洒口水也是好的，说不定也是艺术发烧友们旅行的最大动力。

iPhone / iPad

语言：中文 / 英文

大小：18.2MB

免费

老牌创作者社区，早年间也是聚集了相当多的牛人。每天给自己喜欢的作品刷评论的日子不知道要勾起多少人的情怀，虽然更多设计精美的艺术社交 APP 层出不穷，点点也在兼容问题上做得不够尽心，但在点点上留下的创意是永远不会磨灭的美好。

iPhone / Android

语言：中文 / 英文

大小：9.1MB

免费

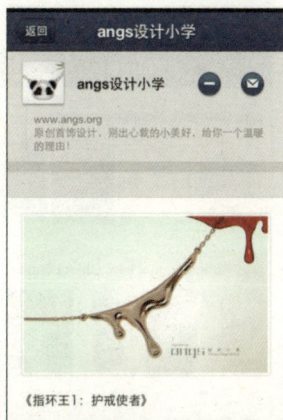

设计师们的博客，创意公司的人才简历簿。需要 Adobe 账号登录，作品版权归属信息比较全，是否可用于商业，是否允许作品演绎，都有相关选项。虽然不登录也可以浏览，但可见对用户还是有一定挑选原则的，多为创作领域工作者使用，用 VPN 加载速度会快一点。

iPhone / iPad

语言：中文 / 英文

大小：74.5MB

免费

点点

说它是工具，真是委屈它了。故宫博物院的数字媒体制作水平令人喜极而泣，其实就是一本中国古藏装饰的日记本，但除了"高大上"也没有什么别的好形容了，连清除缓存标志都那么古朴而萌感，不如顺手做个免费的艺术普及吧。

iPhone / iPad / Android

语言：中文 / 英文

大小：69.5MB

免费

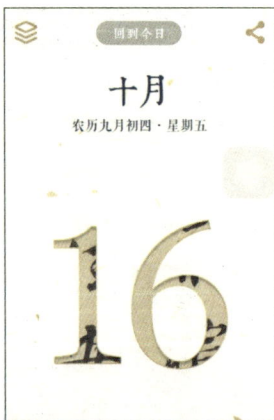

这是一款简单得令人心生喜悦的在线色卡，设计师一级锦囊。标准色号码，RGB、HSM、CMYK 值，颜色名称，简洁明快，也眼花缭乱。就这样按着按着，看着彩虹色变来变去，也是一种乐趣。

iPhone

语言：中文 / 英文

大小：11.5MB

免费

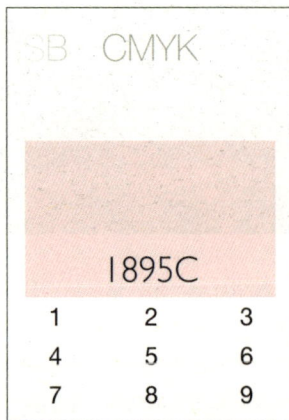

每日故宫

像素

集结国内几乎最多、最全的艺术机构，官方发布的展览信息一应俱全。在豆瓣同城上寻找展览信息的时代已经过去，更专业的艺术展览只在这里。最令人感动的是，线下结束的展览也会重现在线上，以更全面的形式展现。设计简洁有品位，不得不相信的艺术品位啊。看懂当代艺术不再是难事！

iPhone / iPad

语言：中文 / 英文

大小：18.2MB

免费

现代艺术博物馆（Museum of Modern Art）最全指南。纽约博物馆虽多，但 MoMa 是专注于现代艺术的殿堂。我们不走高冷范儿，实用信息越详细越好，图片、音频、视频、楼层引导……口袋导游全面解读现代艺术大师们的疯狂、极致。足不出户，体验 NYC 艺术达人的日常。

iPhone / iPad

语言：中文 / 英文

大小：18.2MB

免费

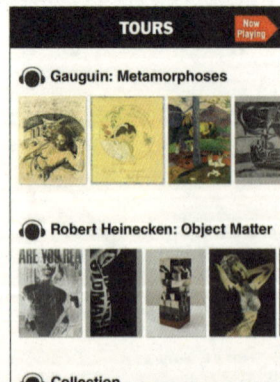

艺术狗

MoMa

虽然比不过美国纽约摄影学院教材，但对于摄影小白来说，却是一个从头开始恶补基础知识的好老师。全民创作时代，大家多少对自己创作的作品要求渐高。学会这些基本运用，下一次节假日朋友圈摄影大赛里，说不定就捧回个奖杯了。

iPhone / iPad

语言：中文 / 英文

日文 / 俄文

大小：69MB

App 内购买

The Great Photo app

柏林爱乐乐团每天在眼前现场演出，学不会乐器也学个气氛吧。世界顶级交响乐团的高清演出，是古典音乐爱好者的福音。购买可解锁更多现场HD 高清视频，可能指挥家们的头发丝也能看出节奏吧，不要太娇惯你的耳朵哟。

iPhone / iPad

语言：中文 / 英文

西班牙文 / 日文

大小：43.4MB

App 内购买

Berlin Phil

越来越多的人正在为艺术买单，我们似乎一夜之间感受着经济增长带来的高级享受，一幅画，赏心悦目的，说不定比银行利息涨得快。所以，这不是一款简单的线上艺术交易 APP，而是一次郑重的收藏行为。年轻的艺术家们也不必一定要到画廊里去 social，上传作品，标个价，足不出户，养家糊口。

iPhone / iPad

语言：中文 / 英文

大小：18.2MB

免费

Artand

打开 APP，入眼的第一句话——让传承成为潮流。这里聚集的是国内诸多手工创作者，织物、茶具、家具、器物，等等，中国遍地都是宝嘛。确切地说，这是匠人们的市集——一款电商类 APP，商品价格中等偏高，附带手工艺人的全面信息和手作文化的文章解读，增加购物品质体验。

iPone / iPad / Android

语言：中文 / 英文

大小：22.8MB

免费

东家

PENGUIN BOOKS

企 鹅 别 册

2016

就看那只企鹅！

See That Penguin
81 Years of Penguin Books

程欣 CHENG Xin 李若杨 LI Ruoyang 吴勐 WU Meng | *text & edit*

1934 年，埃克赛特。

一个男人走进了这个英格兰南部小城简陋的火车站。他刚刚拜访了著名的侦探小说女王阿加莎·克里斯蒂。男人坐下，想从车站里找本书打发漫长的等车时间，却没能找到一本合适的读物。20 世纪 30 年代的欧洲，贵族喜欢用精美繁复、价格昂贵的精装书装点别墅，而大众读物大都廉价而粗制烂俗，小车站里哪有什么耐读的书——这让男人很失望，他想改变这样的现状。

"我坚信我们的国家是建立在这样一群人身上：他们热爱广泛阅读好书，并且愿意为此付出一切。"后来，男人在自传里这样写道，"如果我的努力能让那些只能借书的人愿意买书，那也算是为普及知识做了一点小小的贡献。"

男人叫艾伦·莱恩（Allen Lane），1934 年的时候，他 32 岁。

次年，他成立了企鹅出版社。最初的核心成员就是他自己和两个哥哥，再加上外聘的设计师爱德华·杨（Edward Young）。成立之初，设计师爱德华·杨整天泡在动物园，几乎画下了这种动物所有的姿势和形态。LOGO 定下之后，他们又马不停蹄地设计出版了自己的第一套"企鹅丛书"。"企鹅丛书"一套十本，从阿加莎·克里斯蒂的《斯泰尔斯庄园奇案》，到海明威的《永别了，武器》，都是普通人喜闻乐见的经典题材。爱德华·杨还给它们附上了风格独特的封面：亮眼的橙色衬着醒目的黑色特粗体标题，从上到下简洁地分成三段，分别放上出版社名、书名和作者名，以及最下方的企鹅标志。还有，由于用了低成本的纸张，6 便士一本，和一盒香烟一个价，这是莱恩给"企鹅丛书"定的价。

价格便宜、设计新颖、质量又有保证，"企鹅丛书"迅速成了大众市场的宠儿，半年的时间内就达到了百万册的销量。

不得不说，经过十年的成长，20 世纪 40 年代的英国出版业是企鹅的年代，企鹅出版也在此时达到辉煌。

新一个十年里，企鹅出版又推出了著名的"企鹅经典（Penguin Classics）"系列。新丛书以荷马的大部头史诗《奥德赛》开始，囊括了但丁的《神曲》、乔叟的《坎特伯雷故事集》等重量级的作品，正是这些推广高质廉价的努力让它一下成为了当时英国最成功的出版商。很快，"二战"打响了，严格的纸张配给制度又让企鹅的小开本平装书占据了各家各户的书架。随后，企鹅适时推出的鹈鹕鸟丛书（Pelican Books）、海雀儿童书系（Puffin Books）和特别丛书（Penguin Special）也极好地陪伴着战时留守在家的儿童和远赴他乡的战士们度过了那一段孤独寂寞的时光。

战后重整时期，欧洲市场物资匮乏、管理混乱，重视产品质量的艾伦·莱恩远赴德国请来了最杰出的设计师杨·奇肖尔德（Jan Tschichold）来统领产品设计。有他在，企鹅真正从从业者转成了行业标准制定者。仅用三年时间，他就高效地设立了一整套书籍设计出版体系，从前期的封面模板到各印刷厂的字体运用，都被奇肖尔德写进了那部事无巨细的《企鹅设计构成法》里。

那时候，艾伦·莱恩 43 岁。

可以说，艾伦·莱恩并没有发明平装书，但他是最早发现平装书的潜力，并深入挖掘平装书价值的人。莱恩开掘了大众阅读的市场，亲手将企鹅打造成了一个品牌。奇肖尔德之后，企鹅从欧洲各地挖掘优秀设计师，在每一个时代都引领着出版业的潮流。1969 年，企鹅出版了第 3000 本平装书——詹姆斯·乔伊斯的《尤利西斯》之后，功成名就的艾伦·莱恩正式宣布隐退，1970 年逝世。其后不久，企鹅出版社被培生朗文（Longman）出版集团买下，失去了原有的优势地位。

20 世纪 80 年代过去之后，企鹅出版社开始了品牌重塑，设计上走上了向传统回归的路线，经营上也和很多中小型的出版商兼并融合，不断扩大着自己的实力：1983 年，企鹅购下英国老牌的费德里克·沃恩（Frederick Wayne）出版社；1985 年，吞并哈米什·汉密尔顿（Hamish Hamilton）出版社和迈克尔·约瑟夫（Michael Joseph）出版社；2000 年，培生集团（Pearson Plc）买下以出版游记和童书闻名的多林·金德斯利（Dorling Kindersley）出版公司，归到企鹅旗下；2002 年，企鹅入主了合股已久的罗浮指南（Rough Guides）出版社……不过其中最引人瞩目的，当属 2013 年，英国企鹅出版集团和美国兰登书屋（Random House）的强强联手——直接组成了世界最大的出版帝国。

2005 年，企鹅出版社进入中国，转眼又已十年。

也许还有人记得 1935 年，初出茅庐的企鹅出版社的那套"企鹅丛书"。如今，它已经涵盖 5000 余种图书了。

这是一家公司的故事，但说到底还是一段关于书本的坚持。即便是在企鹅出版成立 81 年后的今天，全世界的读者走进书店，面对书架上琳琅满目的书本，仍然会说：

"就看那只企鹅！"

程欣 CHENG Xin 李若杨 Li Ruoyang 吴萌 WU Meng | text & edit

企鹅图书 Penguin Books | photo

企鹅图书的设计艺术

封面的执著

Obsessed With Covers
Design Philosophy of Penguin Books

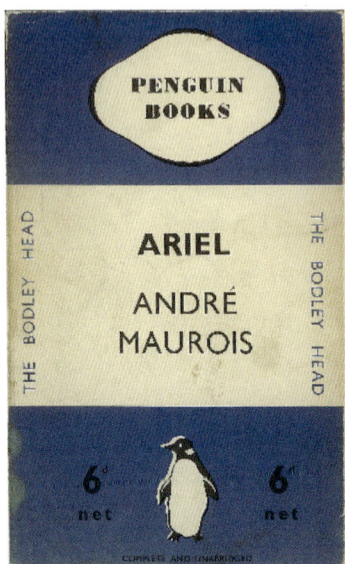

001

英国皇家邮政集团曾经推出过一套纪念邮票,票面上画着 10 款英伦半岛土生土长的精华设计,包括红色电话亭、双层巴士等人们喜闻乐见的经典形象——而作为出版商能够位列 TOP 10 的,大概也就只有企鹅图书了吧。

艾伦、约翰和理查德·莱恩三兄弟于 1935 年创立之初,只是将现有的精装书再版为平装书,而新书——不论是严肃的 PELICANS 书系,还是时事的 SPECIALS 特别系列,两年后才出现。20 世纪 30 年代,企鹅图书通过出版轻便便宜的平装书而在出版业中异军突起,除了平装书本身的优势和潜力,和创始人艾伦·莱恩对装帧设计超乎常人的重视和追求也是分不开的。企鹅取得的成功,离不开其高品质和低价格的精妙结合。企鹅图书的封面在各种限制中也取得了很好的平衡。保护内页是封面的基本作用,此外还必须吸引潜在的购书者,并适合印刷,成本又不能过高。

其实直到今天,充满创意和设计感的封面依然是企鹅图书拥有极高识别度的最大原因。1935—2015 年,太多优秀的书籍设计师跟着企鹅走过了这 81 年风雨。他们把这项工作当作艺术来重视,从不把封面设计视作内容的附属——正是这样的执著让企鹅的书不管放在烟雾缭绕的饭店厅堂,还是杂乱无章的古书店里,都能一下锁住人们的视线。

004

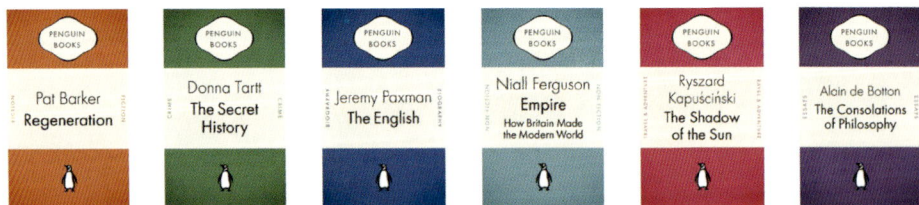

003

002

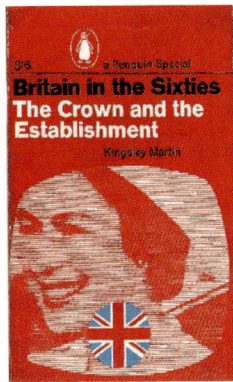

001 1935 年，企鹅出版的第一本书是法国作家 Andre Maurois 的 *ARIEL*。封面设计采用了当时流行字体：出版商名字为盛行于 19 世纪的 Bodoni 特粗黑，封面和书脊用了新近的 Gill Sans（1927-1928）。虽然品牌是 Penguin Books，但标注的是母公司 The Bodley Head，这一名字在企鹅成为独立公司之前，曾用在 80 本书的封面上。

002 Pelican Books 书系，是企鹅致力于启迪大众的严肃书系子品牌，1937 年首次启用。
出版的第一本书是萧伯纳的《关于社会主义、资本主义、苏维埃主义和法西斯主义，写给聪明女性的指南》。最初 Pelican 的封面设计除了 "Pelican Books" 使用 Gill Sans 字体之外，其他则与主系列几乎一致。蓝灰色是 Pelican 的标志色。

003 1937 年，企鹅开启了反映现实、针砭时弊的红色 "特别" 系列。正是企鹅 Special 书系的快产快销方式，使得企鹅真正占领了平装书的市场。

004 20 世纪 40 年代企鹅书系的色彩分类。

005 1946 年，艾伦·莱恩力排众议出版了企鹅的第一部 "经典作品" ——荷马的《奥德赛》。

爱德华·杨 1935 年即加入企鹅，跟艾伦·莱恩一起，成为企鹅的元老级设计师。除了亲手设计了黑白相间的企鹅 LOGO，他更大的功绩，应该算是用自己的笔为企鹅丛书的整体风格定了调。那还是 1935 年，初生的出版社推出了 10 本小说。爱德华把封面从上到下简洁地分成三段，用鲜艳的橙色配上醒目的文字，简单大方，一下子就让挑剔的英国人接受了企鹅品牌。

后来，企鹅图书出版的品种增多，爱德华又将书籍按体裁分类，以不同颜色标示不同体裁。小说类为橘红色，自传类为深蓝色，侦探悬疑类为绿色，Pelican 书系为蓝灰色，旅游探险类为桃红色，文集类为紫色，戏剧类为红色……
爱德华·杨的时代过去之后，杨·奇肖尔德于企鹅图书辉煌的战后 20 世纪 40 年代加入企鹅图书。然而，当时企鹅图书的设计部门远远跟不上编辑部门的创新程度。杨·奇肖尔德是德国设计师，也是字体专家，曾作为 20 世纪知名的现代主义先锋，以在企鹅的两年时间，彻底将新古典主义美学应用到大众消费市场。奇肖尔德入主设计部后仅用很短的时间就打造出了一整套装帧设计的体系标准，装帧的标准定了下来，他便有了更多的时间和精力投身于封面的设计当中。

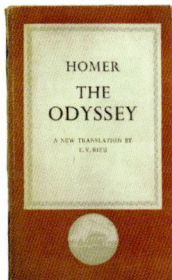

爱德华·杨：
橙色条纹开创
「企鹅风格」

005

杨·奇肖尔德：
经典在细微典雅中传承

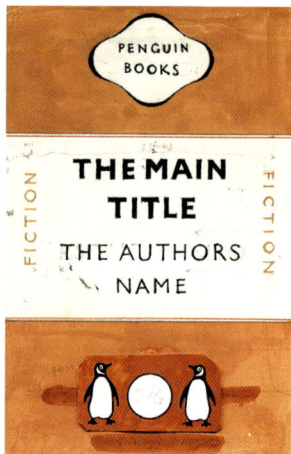

奇肖尔德是个从小就受到正统艺术熏陶的设计师，西文书法、书籍装订以及绘画与雕刻，他都有所涉猎。奇肖尔德十分注重字体的选择，设计中充满了几何的典雅美感，也没有过分华而不实的修饰。最有灵感的时候，他甚至一天就能完成一本书的设计，在坚持自己的审美原则的同时充分尊重每本书的内涵。职业生涯晚期，奇肖尔德曾说："我不给富人设计充门面的书，我要的是制作精良的普通书籍。"

杨·奇肖尔德的继任者汉斯·施穆勒，不仅对字体具有丰富的认知，对于细节还有着非凡的洞察力。施穆勒并非创新者，但他最大化地实施并细化了奇肖尔德的设计准则，成为企鹅品质的保证。

罗梅克·马伯是出生于波兰的自由设计师，战后迁居英国。"二战"后，企鹅早期的标志性水平构成法和颜色编码设

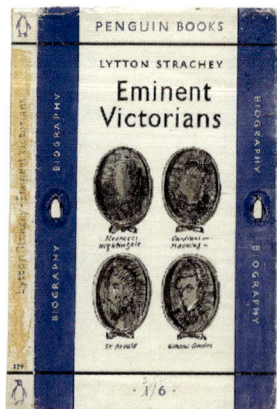

计逐渐让位,出现了大量新的设计手法。最初引入了插画,企鹅在50年代末开始使用照片和拼贴;60年代就成立了独立的艺术部门来把控封面设计。1961年,时任企鹅艺术总监的吉玛诺·福西特邀请三名设计师为犯罪小说封面设计新的网格体系,要同时能够为清晰的字体排版和图像表现创造空间,最终被采纳的是罗梅克·马伯的方案。此后,罗梅克·马伯创造的构成法,从侦探小说一系应用到其他全部书系,既满足了整个企鹅图书的统一性,又为格子的封面创作提供了空间。

008

006　1948年,杨·奇肖尔德针对爱德华·杨水平三分法的设计改革实验样稿。在水平构成法中,杨·奇肖尔德并未彻底改变原有设计,而是给封面设计的各个元素进行了"微整形",包括大小、粗细,从排版时各部分的定位到企鹅标志的画法。

007　1948年,杨·奇肖尔德和他的助手埃里克·埃勒高·弗雷德里克森(Erik Ellegaard Frederiksen)发起的垂直构成法实验样稿。垂直构成法通过三个分割及颜色的使用,确保与之前企鹅设计标准之间的连贯性。中间部分多被用来放置简单的插画,也可能是一段简短的书评或导言。该设计的最后版本由汉斯·施穆勒完成。

008　马伯将文字精巧地安排在封面的上部,下部留下大块面积用于放置插画。封面字体采用的是Akzidenz Grotesk体,接近正时兴的瑞士国际主义风格的Helvetica字体。犯罪小说封面的明显特点是使用暗示性的含蓄图像,而非直接解读字面意义。图片采用了凹版及套印法,以突出双色印刷的效果。

009　罗梅克·马伯本人大约设计了70本侦探悬疑小说封面。

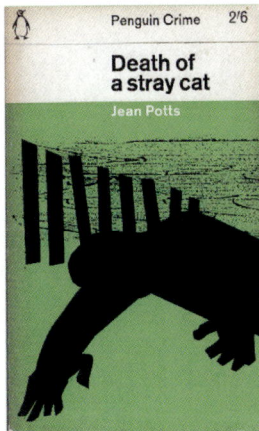

009

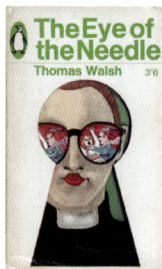

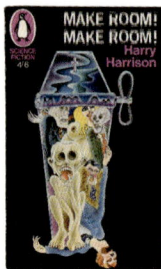

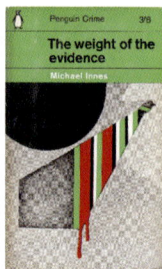

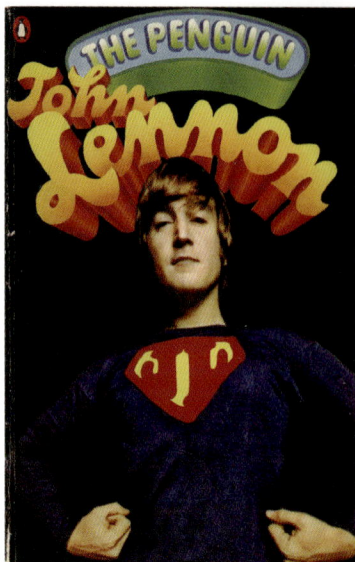

阿兰·阿尔德里奇·嬉皮幽默

70 年代，随着竞争日益激烈，企鹅越来越需要更多抓人眼球的封面图案。正在此时，一位以幽默感和创造力著称的年轻的设计师找上了门——1965 年，阿兰·阿尔德里奇担任了企鹅图书的艺术总监。

阿兰·阿尔德里奇的设计用色大胆、想法天马行空，整体却又不失艺术感，完全颠覆了企鹅过去有些古典、方正的设计理念——他甚至还开创性地在企鹅历史上第一次使用了真人相片作为书封。除了 LOGO，让人几乎都已经认不出那还是企鹅的图书，因此也的确有很多忠实的"企鹅粉"并不认同他的设计。不过，他一幅幅略带诡异却又值得玩味的书籍封面，的确成了企鹅那个时代的印记。

对于出版业来说，从 20 世纪 70 年代起即进入了一个动荡不安的时期，以往对图书本身的关注转向如何将市场利润最大化。此时大卫·佩勒母的无格式法给了封面设计更自由的空间，可以针对本书而非整个系列进行营销。

大卫·佩勒母·时代更迭

大卫·佩勒母担任企鹅艺术总监的十个年头中，企鹅的封面格式已经简略到只剩一个标志——只有书脊处仅存的色条提示书系之间的区别，设计风格都放任给了设计师。

在度过了乏味的七八十年代，经过管理层的重新布局，企鹅开始了品牌重塑阶段。艺术指导约翰·汉密尔顿和吉姆·斯图达特先后成为重整企鹅设计的中坚力量。这个阶段设计的特点是向传统回归。

企鹅图书走过了 81 载，成功的设计师和设计案例不计

其数。一代代的设计师托起了整个品牌,企鹅在书籍的背后,做的就是知识和艺术。企鹅图书也成为设计史上不可或缺的一部分。有时候,看书,也要看图识标,有迹可寻。

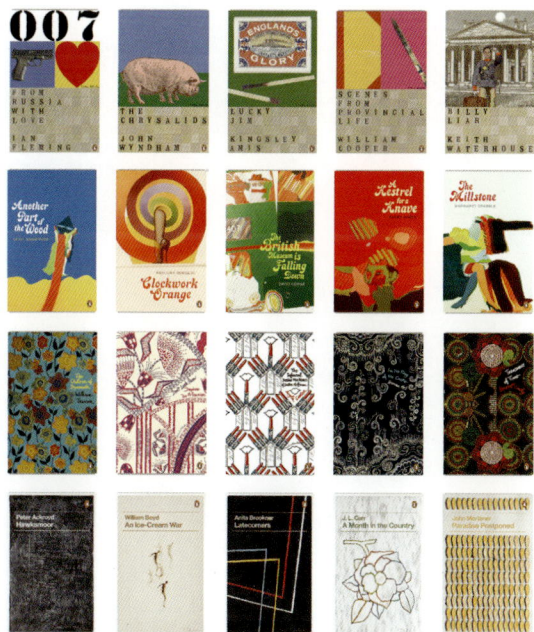

010	在担任企鹅小说类艺术总监的三年期间,阿兰·阿尔德里奇的海报创作体现了嬉皮时代的时代精神:法则被冷遇,一切都为了吸引眼球。阿尔德里奇自己也遭受了毁誉参半的待遇。
011	1971—1972 年,企鹅教育书系,由英国的老牌设计师德里克·伯兹奥尔(Derek Birdsall)的公司 Ommnific 主导设计。仅凭简洁的文字作为设计主体就已经使封面赏心悦目。70 年代初期,Ommnific 完成了企鹅教育书系 200 多本书。
012	《发条橙子》,大卫·佩勒母于 1985 年设计完成。
013	2010 年,企鹅 75 周年之际,推出了最能代表英国各个时代的 20 本小说,从 50 年代到 80 年代,每五本书一个十年,并由那个时代的一位艺术家演绎创作——50 年代由英国现代流行艺术之父彼得·布莱克设计,60 年代由英国最有名的波普艺术家艾伦·琼斯设计,70 年代由英国最高级巴思爵士桑德拉·罗德斯设计,80 年代由"石头玫瑰"乐队的吉他手约翰·斯克莱尔设计。

不得不收进书架的美丽

Beauty on Bookshelves

电子阅读时代，当纸张不再扮演保存和传递信息的主要载体时，它的工具性被减弱，更多地开始追求工艺上的美感和材料的创新，封面设计也同样越来越成为一种艺术化的表达方式。

"这其实是图书装订黄金时代的回归。从维多利亚时代开始，书籍会被很好地保存，并一代一代传递下去。"企鹅图书公司的资深封面设计师科拉莉·比克福德·史密斯在接受杂志采访时说，"而今天，面对电子书的冲击，是时候反击一下，用漂亮的设计唤起阅读一本放在书架上的书的欲望，并让人以收藏它为傲。我相信，人们对有质感的、优美的图书的需求将一直持续下去。"

企鹅近年来陆续推出 Clothbound Classics、Penguin Threads、Drop Cap 系列等纹饰精美、工艺复杂的套书，不断吸引着人们要把它们收藏在书架上。

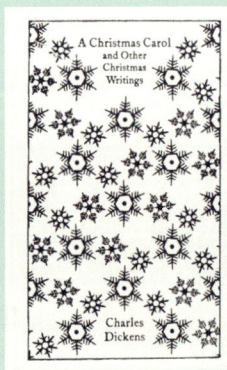

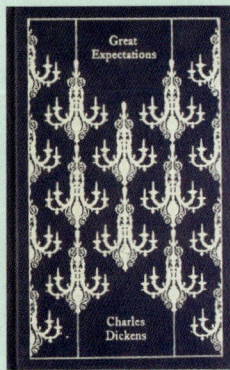

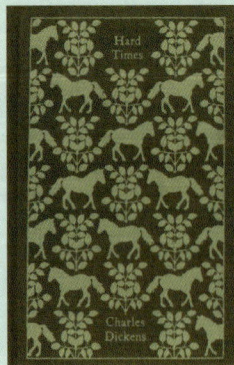

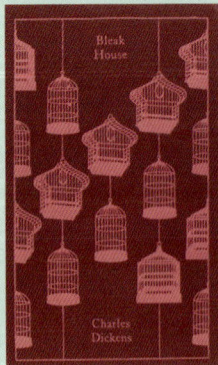

001

科拉莉·比克福德·史密斯最广为人知的作品就是 2009 年的企鹅布面精装经典系列，甫一问世便惊艳了整个出版界。这套书一改企鹅擅长的平装本简洁设计，使用布来做封面的底本，并运用特殊的烫印技术来塑造花纹，用金属箔片压制。这让这套书的封面变得异常精美华丽。每本书颜色、图案不同，但是由于布的质感和相同的烫印手法，看起来依然成体系。布面书的制作工艺相当复杂，许多环节需要手工操作，为了达到最佳效果，金属箔片还需要反复压制。所以，精致的同时，成本也高得吓人。

2012 年是伟大作家查尔斯·狄更斯诞辰 200 周年，企鹅特别推出一套六本狄更斯作品集，包括《雾都孤儿》（*Oliver Twist*）、《圣诞颂歌》（*A Christmas Carol and Other Christmas Writings*）、《荒凉山庄》（*Bleak House*）、《艰难时世》（*Hard Times*）、《双城记》（*A Tale of Two Cities*）、《远大前程》（*Great Expectations*）。如果你爱阅读经典，又在书籍装帧、排版设计上有着独特的美学追求，那么你一定会对这套书一见钟情。

001 查尔斯·狄更斯诞辰 200 周年作品集——《雾都孤儿》《圣诞颂歌》《荒凉山庄》《艰难时世》《双城记》《远大前程》。

002 企鹅布面精装经典系列——乔纳森·斯威夫特的《格列佛游记》、儒勒·凡尔纳的《海底两万里》、威廉·萨勒姆的《浮华世界》、简·奥斯汀的《曼斯菲尔德庄园》、杰弗里·乔叟的《坎特伯雷故事集》、查尔斯·狄更斯的《大卫·科波菲尔》、列夫·托尔斯泰的《安娜·卡列尼娜》、玛丽·雪莱的《弗兰肯斯坦》、简·奥斯汀的《诺桑觉寺》、简·奥斯汀的《劝导》、简·奥斯汀《傲慢与偏见》、马克·吐温的《哈克贝里·费恩历险记》。

002

Black Beauty《黑骏马》

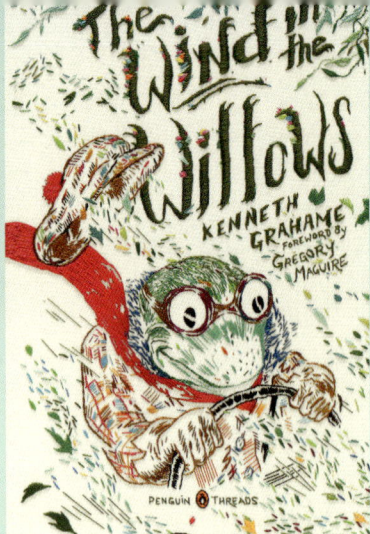

The Wind in The Willows
《柳林风声》

EMMA
《艾玛》

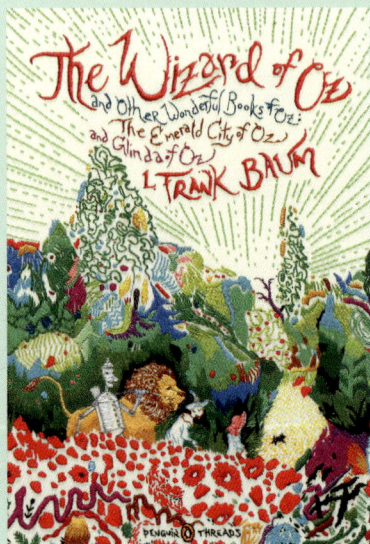

The Wizard of Oz
《绿野仙踪》

（未读已经引进这两套精美的图书，即将陆续出版，敬请期待！）

Penguin Threads

能工巧匠手中诞生的惊天封面

Clothbound 经典系列大获成功之后，企鹅艺术总监保罗·巴克利（Paul Buckley）希望能寻求更特别的创意，除了电脑和现代科技，他希望用一种很特别又古老的工艺来展现文学和文字的美。2011年10月，Penguin Threads 系列发布，成为企鹅封面艺术中非常别致经典的一套设计。

这套企鹅经典刺绣系列共六本，分别是经典文学作品《爱玛》（Emma）、《秘密花园》（The Secret Garden）、《黑骏马》（Black Beauty）、《小妇人》（Little Women）、《柳林风声》（The Wind in the Willows）和《绿野仙踪》（The Wizard of Oz）。前三本由插画艺术家玉木吉莉安（Jillian

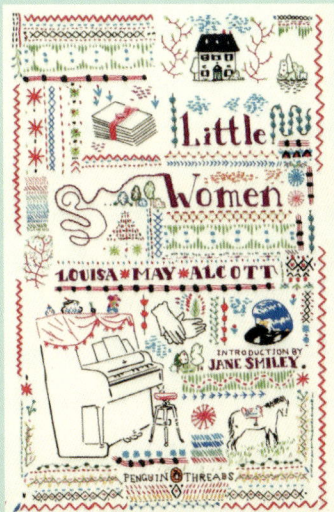

Little Women
《小妇人》

The Secret Garden
《秘密花园》

《秘密花园》手工反面

Tamaki）历时两个月设计制作完成，后三本则由雷切尔·桑普特（Rachell Sumpter）设计完成。

封面采用纯手工刺绣，甚至书籍勒口处也全部覆盖花纹设计，书封内侧也保留了手工刺绣过程中留下的线头和针脚。书籍印刷采用浮雕式印刷技术，以确保可以生动地表现手工刺绣工艺。这种印刷技术最大程度地保留了原汁原味的刺绣风格，让每本书上展现的针脚和绣线都像手工制作的一样。

特别的创意加上精良的设计工艺，使这套Penguin Threads系列成为书籍爱好者和收藏者的宠儿。

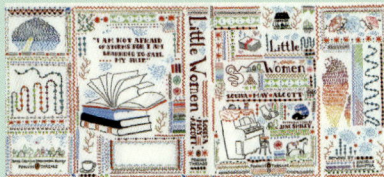

《小妇人》手工背面

未读 × 企鹅

Calendar 2016

企鹅携手未读，共同打造出一款让时间动起来的手账经典企鹅三段式
设计，诠释多姿多彩的 2016 年。

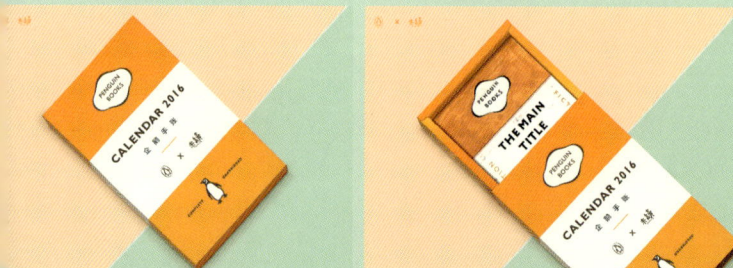

以企鹅的经典三段式为蓝本
手账可拆解为三部分

上下部分每本包含半年日历及月历卡片
色彩巧妙变幻，风动幡动心也动

中间部分为通体橙色的口袋手账
进口皮革纸封面手感出众
内页设计精致感十足

有你的每一天 斑斓的一整年

TOM MICHELL

the

Penguin

Lessons

A TRUE STORY

《企鹅课》中文版

The Penguin Lessons

未读 × 企鹅

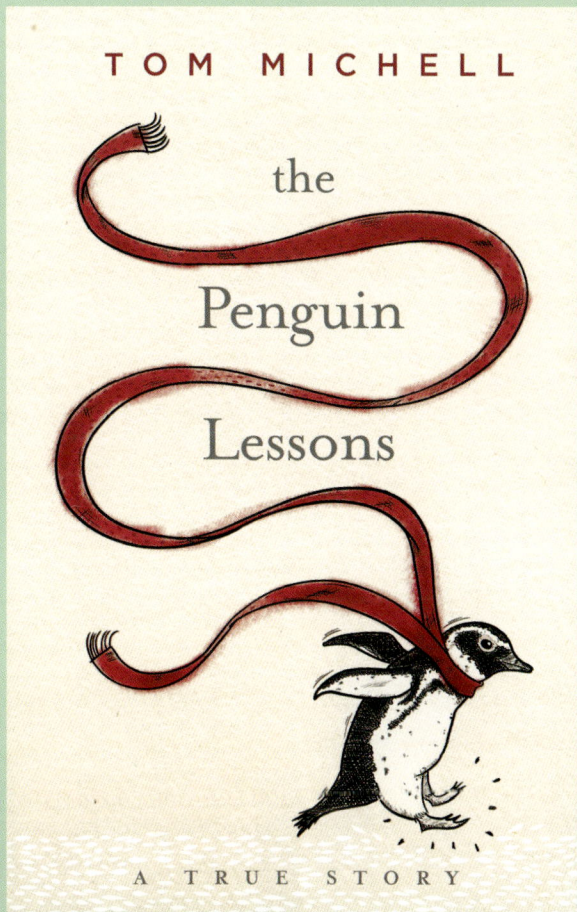

汤姆·米歇尔 (Tom Michell)

迪士尼童话成真，孩童时代和动物交流的愿望不再是梦。

当汤姆·米歇尔从乌拉圭一片海滩的油污中救出一只企鹅时，他对这只小生物茫然无措。

他把这只企鹅带回了酒店，给它洗澡，想要再放生时，企鹅却拒绝回到大海。这位教师还

有一个选择：把企鹅偷偷带回阿根廷的学校，虽然这是违法的。

这只了不起的企鹅：胡安·赛尔瓦多，慢慢适应了寄宿学校的生活，无论是作为一只可爱

的吉祥物，还是一名优秀的游泳教练。那些和胡安邂逅的教师和学生，人生都发生了意想

不到的变化。

在作者幽默动人的笔触下，企鹅胡安·赛尔瓦多从这个温暖治愈的故事中跃然于纸面。

汤姆·米歇尔住在英格兰的康沃尔郡，喜欢画画、划艇、钓鱼、园艺。年过六旬的他想要

把胡安·赛尔瓦多的故事带给全世界的读者。

英文版已于 2015 年 11 月由企鹅英国出版，

请尽情期待 2016 年由未读出品的中文版